KAWADE
夢文庫

関西人vs関東人 ここまで違う ことばの常識

博学こだわり倶楽部［編］

河出書房新社

関西人も関東人も何気ない「ことば」にご用心！●前書き

食、しきたりや習慣、ファッションと、西と東で様子が異なるものはあまたあるが、中でも「ことば」は要注意である。関西人と関東人とがコミュニケーションをとるとき、その違いが大きな誤解を呼びかねないからだ。

たとえば関西では、全国的に使われる「また」の使い方が異なったり、「考えとく」ということばのニュアンスが違ったりもする。さらに、「そんないけずなこと言われても、うち、しんどいわ。ほんま、よう言わんわ」と言われて、関西人以外の人が、その意味するところを正しく理解するのは難しい。さらには同じ関西でも、京都と大阪、神戸で表現が微妙に違うこともある。

本書はこのような、関東人から見て違和感を覚える関西弁、もしくは関西人が抱く関東のことばへのモヤモヤを列挙し、「なぜそうなるのか」を解き明かそうと試みた。特に関東人が関西人の発言を勘違いして困ったり、気分を害しそうになったりしたときに役立つはずである。

なお、本書の内容はあくまでも一般論であり、地域や世代などによって違いのあることをご了承いただきたい。

博学こだわり倶楽部

関西人VS関東人　ここまで違うことばの常識　もくじ

1 「また行こう」の「また」は東西で意味がこんなに違う！

互いに誤解しがちな、あのフレーズ

2
関西弁VS関東弁にこだわる関西人のリアル
「じゃん」という語尾が関西でほぼ使われないわけ

3 「よう言わんわ」とは、つまり〝返すことばがない〟ってこと？

標準語に訳せない関西弁独特の表現

4

会話スタイルでわかる東西の気質の違い

「で、オチは？」のひと言に関西人は何を求めているか

5 きいひん、けえへん、こうへん。「来ない」の大阪弁はどれ？

大阪、京都、神戸…微妙に異なる関西方言

6 東西で違いすぎる、身近なアレの名前

レジ袋を、関東は「ビニール袋」、関西は「ナイロン袋」と呼ぶって?!

7 地元民にもタメになる?! 関西弁講座
どあほ、どけち、どすけべ…負のワードに付く「ど」の法則！

イラスト●小島サエキチ
協力●オフィステイクオー
高貝誠／後藤久美子／堀博美／池田有

1

互いに誤解しがちな、あのフレーズ

「また行こう」の「また」は東西で意味がこんなに違う！

関西人が使う「考えとく」は考えない。「行けたら行く」は行かない

関東では、「しっかり検討する」「都合をつけ、行けるよう努力する」とことばどおりの意味で使われる「**考えておく（考えとく）**」というフレーズ。ところが、関西で「考えときますわ」と言う場合、「考える気なし」という意味の断りの常套句であり「その場をやりすごす言い訳」として使われるのが主だ。

しかも「考えたいけど難しい」という意味ではなく、「考える前から答えはノー」というニュアンスである。

その場の空気とノリを大事にする大阪人、本音より建前を気にする京都人など、関西人はどのような場合でも、面と向かって断るのを避けたがる。そのため、このようにどっちつかずの表現になるのだ。

同じような表現に「**行けたら行く**」があり、こちらも行かないことを前提にして使われることが多い。かつて、朝日新聞が大阪と東京で調査したところ、「行けたら行く」という言い方について、大阪では「行きたくないときに使う」だが、東京では「なんとか都合をつけて行くようにする」という声が多数を占めたそうだ。

そのため関東人は、関西人を相手にビジネスやイベントをするなら、この二つのことばは慎重に聞き分けたい。そうでないと、危険なすれ違いや勘違いが発生する可能性大なのだ。

たとえば、関西の企業に企画をプレゼンして「なるほど！　面白いですね、考えておきます」と言われた場合、後日「残念ですが……」と断られる確率が高い。そのため、「先方は前向きに善処してくれるそうです！」と、すぐに上司に報告してはいけない。

また、商談のあと「夜に交流会があるのですが、参加しませんか」と誘って「楽しそうですね。行けたら顔を出します！」と答えられたら、相手は90％の割合で姿を現さないだろう。

合コンでも同じ。「交互に抜けて、あとで2人、隣のカフェで落ち合わない？」と誘って「行けたら行くね！」と返されたものの、全くその場から動く気

配がなければ、相手はきっと関西人だ。

ノリを大切にする関西人は、内心で「無理やな」「これはないな」と思っても、とりあえず肯定するのが癖になっている。これを「口先ばかりで不誠実」と捉える関東人も多いだろう。

実際、聞き慣れている関西人でもガッカリすることが多い。そのため親しい間柄なら、「考えとく」と言われたら「ウソつけ！」、「行けたら行く」には「そう言うて来たヤツおらんわ！」という鋭いツッコミが入ることもしょっちゅうなのである。

「また行こう」の「また」は東西で意味がこんなに違う！

「また、遊びに行こうね」「また、飲みに行きましょう」は、日常的に使われている誘い文句。しかし、これらのことばを初対面の人から言われるとどう感じるだろう。

もしあなたが関西人なら、特に違和感なく受け止めるかもしれない。だが関東人なら、「まだ一回も遊んだことないのに」「誰かと間違えてない？」などと不思議に思うかもしれない。ポイントは「**また**」にある。

たとえば、東京の彼女が「ユニバーサルスタジオジャパンに行きたいなぁ」と言ったとする。それに対して、大阪の彼氏が「ほな、また行こか」と答えたとしよう。このとき、彼女が「またって何よ。私は一度も行ったことない。いったい誰と行ったの！」と怒りだす可能性は高い。

関東の「また」は、「もう一回」の意味で使われるのに対し、関西では「もう一回」のほかに「今度」「機会を作って」などの意味で用いられる。つまり関西人の言う「また、○○しよう」には「もう一回○○しよう」だけでなく、「今度○○しよう」の意味があり、それゆえ初対面の相手に対しても自然に用いられるのである。

実際、地域情報を発信するネットメディアが「一度も遊んだことがない人に、『また遊ぼう』って言う？」というテーマで都道府県別にアンケートを取ったところ、明確な東西差が見られた。

東日本では23地域中21地域で「言わない」が過半数を占め、「言う」は3割程度。これに対し、西日本では24地域中14地域で「言う」が過半数を占め、特に近畿では8割を超えたのである。まさに東西で正反対といっていい結果となった。このように「また、○○しよう」は、ことばのニュアンスが東西で大きく異なる。

「また」が日本全国で頻繁に使われる言い回しであることも、誤解を生みやすい原因といえよう。

ちなみに、関西には「また、○○しよう」以外にも、ややこしい「また」がある。それは「**またにする**」だ。

こちらも「今度にする」という意味で「その話やったら、またにして」などと言われることが多い。だが、このことばを決して額面どおりに受け取ってはいけない。これは物事を遠回しに拒否する関西の特徴的な表現で、いわゆる「考えときますわ」(12ページ参照)と同種の言い方なのである。

たった2文字の「また」だが、東西が異なると、聞く人を混乱させることもあるのだ。

関東人が言われてモヤる「気にしぃ」。だが、大した意味はないって?

ある席で、関西出身の男性から「自分、気にしぃやなぁ」と言われた女性がいる。言われた女性は、「私って細かい女ってこと?」と、内心傷付いてしまったらしい。確かに「**気にしぃ**」は、関東人にはニュアンスの判別しにくいワードだ。ただ、言った男性は、女性をけなすつもりで口にしたわけではない。

「気にしぃ」はまさしく「細かいことを気にする人」という意味ではある。たとえば、「本棚の本がジャンルで分けて並んでいないと直したくなる」「1分でも遅刻することを恐れる」といった性格の人だ。大雑把な人間からすれば「気にしぃなや（気にしないで）」と言いたくなるが、細かいこと自体は決して悪いことではない。

とはいえ、ささいなことを気にしすぎると疲れもするだろうし、ストレスもたまりやすい。そんな人に対して、「自分、気にしぃやなぁ」と言うのだが、その裏には、「そんなん、ほっといてもかめへんやん。気にしぃなや」（そんなこと放っておいてもいいじゃない。気にしないで）という意味が込められているのだ。

また、「君は細かなことまで気の付くタイプなんだね」という好意を告げたともいえる。どちらにせよ、さほど真に受けるべきワードではない。

ただ、この「気にしぃ」がエスカレートすると、別のことばに置き換えられてしまう。「**しんき病み**」である。「しんき」は漢字で「辛気」と書き、「しんきくさい」の「辛気」と同じだ。

「しんきくさい」の本来の意味は、「思うようにことが運ばなくて、焦れたり、イライラしたりするさま」だが、関西では「どんよりと落ち込んだ暗い様子」も「しんきくさい」という。「葬式でもないのに、しんきくさい顔すんな」「もっとしゃんとせんかぇ！　しんきくさいやっちゃのお」というふうに使う。

ただ、「しんき病み」の「しんき」は、字は同じでも意味は異なり、それこそ「神経質すぎる人」を指す。

「○○さんとこの旦那さん、一ぺん使たタオル、汚い言うてほかす（捨てる）んやて」

「それ、しんき病みとちゃう？」

「お茶碗にご飯粒残すやなんて信じられへんわ」

「あんた、気ぃつけやな（気をつけないと）、しんき病みって言われんで」

このように、「気にしぃ」と違って、「しんき病み」は非常にネガティブなことばだ。近年では関西でもあまり耳にしないが、言われた場合は自分の行動や性格を顧みたほうがいいかもしれない。

意味が多すぎてややこしい！関西人の「ややこしい」の使い方

最初に指摘しておくと「ややこしい」は方言ではない。「理屈の通じない幼児のように扱いにくい」という意味で、「稚児しい」「嬰児しい」という漢字もある。

関東では、もっぱら「複雑でわかりにくい」という意味で用いられるが、関西では一筋縄ではいかない。そのときの状況などによってバラエティに富んだ使われ方をするからだ。

まずは標準語と同じ、「複雑」という意味。「その話、ややこしいからわかれへん」というふうに使われる。また、新しい電化製品を買ったのはいいが、機能が複雑すぎると「ややこしい機械」になる。

では、次の場合はどうか。

「あの会社、ややこしいみたいやで」

「ホンマ？　友達の旦那、勤めてんのに」

この「ややこしい」は、「危ない」や「おかしい」の意味となり、主に経営状態の悪化に使われる。

続いては、「ややこしい人」だ。「あいつ、最近、ややこしい連中と付き合うてるらしいで」の「ややこしい連中」とは不良や反社会的勢力に属する人、もしくは犯罪者予備軍を指す。そんな人たちが起こす「ややこしい事件」となれば、「難解な事件」「わけのわからない事件」であり、これは標準語の意味

に似ている。

男女の関係にも「ややこしい」があり、「あそこの旦那、隣の奥さんとややこしいみたいやで」は「おかしい関係」、すなわち不倫関係をいう。つまりは、正道でない邪道を意味するのだ。また「ややこしい仕事」といえば、スムーズにはかどらない仕事。困難だけでなく、発注先が「ややこしい会社」であったり、手順が複雑であったりする場合にも当てはまる。

明確でないものも「ややこしい」とされ、「ややこしい天気」は晴れるのか雨が降るのかはっきりしない天気のこと。晴れていたのに急に雨が降るのは「けったいな天気」で、それが継続すれば「ややこしい」にもなる。

「込み入った道」は「ややこしい道」だし、わざわざ「面倒」な行動をすれば「ややこしいことせんと、素直にやれ！」と怒られてしまう。「ややこしい」の意味を完全に理解するのは、関東人にとって「ややこしい」に違いない。

「この味噌汁はからい」と言っても関東人には通じない

ラーメンのスープや味噌(みそ)汁を飲んだら、やけに塩味が強い。関西人はこんなとき

「からいわぁ」などと言う。だが、その場に関東人がいれば、怪訝な顔をするかもしれない。なぜなら関東では、塩味が強いことを「しょっぱい」と言うからである。そう、塩気の強さに関しても、東西では表現が異なるのだ。

　前者の「からい」の歴史は古く、奈良時代末期に成立した『万葉集』にも用例が見られる。当時は辛味も塩味も、さらに酸味の強さまでも「からい」と表現していたとされ、刺激が強い味であれば「からい」と称していたようだ。そして現在でも関西では、塩味や唐辛子などの辛味にあたったとき、ひとくくりにして「からい」を使う人が多いという。

　そのため、関西人には、しょっぱいことを「からい」と表現するのは方言であるという感覚が、あまりない。

　たとえば名探偵を主人公にしたアニメで、こんな場面があった。とある殺人事件の現場で、捜査の過程から犯人は関西人と推測された。そこで主人公は、関係者全員に塩気の強い味噌汁を飲ませる。そして思わず「からい！」と叫んだ人物を、みごと犯人として特定したのである。

　さて後者の「しょっぱい」だが、こちらは江戸時代後期に東日本で出現したことばと考えられ、『広辞苑』では「塩辛いより俗語的」と説明されている。そして関東では関西と異なり、塩気が強い味には「しょっぱい」、それ以外の辛味に対しては「からい」と区別して表現する傾向にあるようだ。

ちなみに、しょっぱいは「塩気が強い」以外にも「つまらない」「見劣りがする」などの用法で使われることがある。もともと大相撲の世界で使われていた用語で、弱い力士が転ばされ、塩が撒(ま)かれた土俵を這(は)っているさまに由来するというが、関西ではあまり聞かれない。

また、塩味が足りないケースでも東西では言い方が異なり、関東では「**あまい**」、関西では「**みずくさい**」と表現される場合がある。「あまい」といえば砂糖の甘さを連想するかもしれないが、あくまで塩加減の問題で、『広辞苑』にも「塩が足りない」という意味が記されている。

「みずくさい」については、江戸時代末期に刊行された方言辞典『浪花聞書(なにわききがき)』にも記載されており、当時から関西のことばとして認識されていたことがうかがえる。「みずくさい」は、現在では「よそよそしい」「他人行儀だ」などの意味で使われるが、これは近世以降に新たに加わった用法であるという。

塩味の強弱の表現をまとめると、関東では「しょっぱい／あまい」、関西では「からい／みずくさい」という構造になっているわけだ。

立派、大変、たくさん…関西では〝疲れた〟の意味だけではない「えらい」

一日中ヘトヘトになるまで働いたあと、関東の人は「疲れたぁ」と言う。だが、このことばの代わりに「えらかったぁ」と言われたら、関東人なら「何が偉いの?」と戸惑ってしまうかもしれない。

「えらい」は、関東では「社会的地位が高い」「立派だ」の意味だが、西日本では「疲れた」の意味でも用いられるからだ。

もともと「えらい」とは、近世以降上方(かみがた)を中心に発達したことばとされる。江戸時代中頃の京都では「きわ立って鋭(するど)い」ことを「いら(苛)しけなし」と言い、これが「いらし」となり、そこから「い」が「え」へと変化して「えらい」に転じたという。

また、大きなタイを料理する際、1人がエラを切るときに指をケガし、「エラ痛い」と言ったことから「えらいタイ」となり、「えらい」が大きなものを指すようになったとも伝わる。もっとも、こちらは俗説と考えたほうがいいだろう。

いずれにしても「えらい」は、物事の程度がはなはだしい様子を表すことばとして使用され、「大きい」「立派だ」の意味が生まれていった一方、「疲れた」「苦しい」「つらい」などの意味も生じた。つまり「えらい」とは、プラス・マイナス両面において物事が普通でないありさまを表するワードなのである。

そして、関西人は「疲れた」の意味で「えらい」を用いる際には、「あぁ、えら」などのように、「い」を略して語幹でとどめる場合がある。これも関西弁の特徴の一つで、同様の例としては「あぁ、あつ（暑い）」、「あぁ、いた（痛い）」といった表現が挙げられる。

また関西では、「えらい」は「疲れた」以外にも、さまざまな意味がある。たとえば「えらい長いこと待たされた」「えらい悪いこと言いました」の「えらい」には「大変」の意味があり、「えらい目に遭わされた」なら「ひどい」の意味。また人混みを見て「えらい人や」と言えば、「たくさんの人」という意味がある。

このように「えらい」には物事を強調するはたらきがあるが、そこには誇張が入っている場合もある。

その最たる例と言えるのが「**えらいこっちゃ**」だ。標準語では「大変なことだ」「大騒動だ」だが、実際は大したことがない場合にも使われ、単に「しまった」や「どうしよう」などの軽い意味で用いられることも多い。それゆえ関東人は、このことばを聞いてもあまり慌てないほうがいいだろう。

〝転倒〟の意味だけではない「こける」、〝奇妙〟の意味だけではない「けったい」

関東弁や標準語に当てはまる意味はあっても、必ずしも的確でないという関西弁は多い。その一つが「**こける**」だ。端的に言うと、「こける」は「転ぶ」や「倒れる」の意味。しかし、すべてがイコールでもない。

自動車の横転を「クルマがこけた」と言ったり、フィギュアスケートの選手が転倒すれば「リンクでこけた」、自分が転んでしまったときには「つまずいてこけた」と言ったりする。しかし、「寝転ぶ」の代わりに「寝こけた」とは言わないし、野球の試合に負けた悔しさで地面に倒れ込む様子も「グラウンドにこけてる」とは言わない。

つまり、「こけた」にはマイナスイメージがあり、当事者などが意識していない状態を言う。自らの意思で倒れるのは、あくまでも「倒れた」「転んだ」である。

この「こけた」は比喩(ひゆ)にも当てはまる。会社の倒産は「会社がこけた」で、そこに経営者の意思は感じられない。ただし、病気にかかったことを意味する「病に倒れる」は、意識をしていないにもかかわらず「病気でこけた」とは言わない。ただし、意識を失った人が目の前で倒れたようなときは「あの人、急にこけはった」となる。

同じように、標準語の意味だけでは説明しきれないのが「**けったい**」だ。「けったい」は「奇妙」「不思議」「変」といった意味があり、「けったいな天気」は「妙な天気」、「けったいな人」は「変な人」ということになる。

ただ、これらの意味だけではなく、「けったいな会社」といえば「奇妙な仕事をする会社」という意味や「会社のビルの外観が変」という見た目の意味だけでなく、自分の知らない事業をしていれば、その人にとっては「けったい」となる。

「あいつとこの会社、何してるん?」

「コンピュータのシステムらしいで」

「なんやそれ、けったいな会社やなぁ」

コンピュータシステム自体は、変でも不思議でもない。しかし、自分が理解できないとなると「けったいな」と決めつけてしまうわけだ。これは料理の味や美術品なども同じ。たとえ多くの人の評価があったとしても、自分の理解の範疇(はんちゅう)から外れていれば「けったいな」なのである。

関東であれば、自分の感覚とは違っていても、大勢が高評価を与えていれば「変だ」「奇妙だ」とはならない。そんなふうに捉えたとしても、めったに口にはしない。しかし関西人は、主観で決める。この客観と主観の違いが「奇妙」「不思議」といった標準語と「けったいな」が異なる点である。

さらに「けったいな」はマイナスな意味だけではなく、「あんた、けったいやけどおもろいわ」という褒(ほ)め方もある。関西人に「けったいな人」と言われても、怒ったり、めげたりする必要はないのだ。

関西人の「せやなぁ」は話を聞き流しているときの相槌！

かつて午後0時から放送されていた帯番組『森田一義アワー笑っていいとも！』

（フジテレビ系）。冒頭のコーナー「テレフォンショッキング」では、タモリの問いかけに、スタジオの観覧客が「そうですね！」と答えるのが定番となっていた。

この「そうですね」に近い関西弁が、「そうやなぁ」、もしくは「せやなぁ」だ。ただし、関西人が「せやなぁ」と答えたときは注意が必要だ。なぜなら「話を聞き流している」、もしくは答えるのが面倒になったとき、とりあえず「せやなぁ」と口にすることが多いからだ。

たとえば商談の際、一通りの説明を終え「いかがでしょうか」と、相手の意見を求めたとする。相手は椅子にもたれかかって腕を組み、「せやなぁ」と黙考しはじめる。こんなときに、「説明が足りなかったのか」とか「真剣に考えてくれているんだ」などと早合点してはいけない。

相手の頭の中は、午前中なら「昼に何を食べようか」、午後なら「今日は誰とどこへ飲みに行こうか」など、全く関係ないことを考えている場合が多いのだ。そして、ある程度考えがまとまれば、「まあ、考えときますわ」と言って帰りを促されてしまうのがオチだ。

自分の意見を主張して、「どう思われますか？」とたずねたときも同じ。「せやなぁ」と返されたら、それまでの主張は右の耳から左の耳に抜けている。きちんと聞いていてくれた場合、肯定なら「それは、そうや」、否定や迷いなら「それは、違うやろ」「それは、どうやろ」と「それは」が付く。

なお、「せやなぁ」ではなく「そうやな」と言われれば本気の相づちと受け取ってもよく、「せやな！」と語尾を伸ばさなければ、同意と受け取ってもいいだろう。

「おもろいなぁ」と言われて関東人は複雑になり、関西人は喜ぶわけ

関東人には理解しがたいかもしれないが、関西人にとって「おもろいやつ」というのは褒(ほ)めことばである。女性が挙げる好みの男性のタイプも、「優しい人」に続いて「面白い人」が必ずランクインする。関西人の価値観でいえば、「面白いか面白くないか」は重要なポイントでもあるのだ。

ただ、関西弁の「**おもろい**」は、大笑いするようなことだけを指すのではない。たとえば「おもろい話でもしよか」と言われたのなら、笑い話のほかに儲(もう)け話や変わった話、インパクトの強い内容が含まれる。

同様に、「おもろい人」と言われたら、それは一般的な「面白い人」のほかに「変わった人」「とても興味深い人」の意味を持つ。「あんた、おもろいやっちゃなぁ」

は、「あなたは変わった人ですね」という意味も含まれるのだが、嫌悪の対象ではないし、もちろん侮蔑（ぶべつ）でもない。

関西を舞台にしたヤクザ映画などで、「お前おもろいやんけ、ちょっと顔かせや」というシーンがあるが、あれも相手にするだけの価値はあると認めている証拠だ。

つまり、標準語の「面白い」の場合は、笑える話やためになる情報など、知的な面で反応しているが、関西弁の「おもろいやん！」は、心の底から感動したり、共感したりするニュアンスもあるのだ。

心理学的に見て「おもろいな」の続きには、「よしやろう！」や「これからも会おう！」など、前向きな動きがリンクするという専門家もいるほどだ。大阪人にとっては、どんな美しい褒めことばを並べられるよりも、「めっちゃ、おもろいなあ！」が殺し文句といっていい。

逆に、一番言われたくないのは「**おもんない**」である。話が面白くないというだけではなく「人間的に魅力がない」という意味もあり、「あの人、ええ人やけどおもんないねんなあ」と言われたら、全人格を否定されたのと同じだ。

ちなみに、関東の人は「おもろいなあ」と褒められても、あまり心に響かない。それどころか、複雑な感情になることも多いという。

というのも、面白いことが一番の評価ポイントである関西以外では、「面白い人」は「風変わりな人」「変な人」と捉えられがちなのだ。関西人は関東人を褒める際、くれぐれも気をつけよう。

「What?」に相当する「なんやねん」にはさまざまな活用があるって?!

「それって、何?」に関西人は「それって、なんやねん?」と「ねん」を付ける。関東人にとっては、単純な変換のように思えるだろう。しかし、この「**なんやねん**」、なかなか侮(あなど)れない活用形が存在するのである。

「なんやねん」は「何ですか」の意味なので、英語では「What?」に相当する。しかし、「これは何ですか?」「あれは何ですか?」だけでなく、感情が加わることでさまざまな表現が可能になる。

たとえば、デートで待ち合わせをしていたときに電話がかかってきて、「すまん、今日は行かれへん」と彼氏に告げられたとき、女性は電話を切ってから「もう、なんやねん」とつぶやいてしまう。「来られなくなった理由は何なのだろう」という疑問ではなく、そういう状況に置かれてしまったことが「なんやねん」であり、「わからない」「理解できない」という意味に近い。

そんな彼氏に一方的にフラれると、「なんやねんなぁ、もう……」と泣き崩れてしまう。ただ、これらには関東でも「なんなの、もう」という表現が存在するので、関西特有とはいえない。問題は、感情が高ぶったときだ。

「お前、さっきメンチきったやろ」

「は？　なんやねん」

「そやから、メンチきったんちゃうんかって言うてんじゃ！」

「きったがどやねん。お前、いったいなんやねん」

「なんやねんって、なんやねん！」

「なんやねんって、なんやねんて、なんやねん！」

「メンチをきる」はガンをとばすことで、「え？　なんやねん」は「え？　何」と言い換えることができる。

ただ、その次からの「なんやねん」は説明しにくい状況で、「お前、いったいなんやねん」は「あなたは誰ですか？」と「あなたは何の意思を持って私にからんできてるんですか？」の二重の意味がある。

その次の「なんやねんって、なんやねん！」は「あなたが言った『なんやねん』

を私は理解できません」と「あなたは私を『誰なのか』とたずねていますが、どうしてそれを説明しなければならないのですか」という意味になる。

「なんやねんって、なんやねんて、なんやねん！」は「なんやねんって、なんやねん！　とあなたはおっしゃいましたが、それはいったい、どういうつもりなのですか？」という意味となる。

　このままエキサイトして暴力沙汰になってしまう場合もあるが、お互いに手を出さなければ延々と「なんやねん」が繰り返されてしまう。特に酔っ払い同士だとその傾向が強い。

交渉の最中に「かなんなぁ」と言われたら、脈はある？ ない？

「君にはかなわないなぁ」は「あなたには勝てない」を意味し、漢字では「敵わない」と書く。では、関西人の「自分、かなわんなぁ」はどういう意味か？

　この場合は「敵わない」ではなく「困ったもの」を表し、略して「**かなんなぁ**」ともいう。「かなう」には「敵う」のほかに、「叶う」と「適う」があり、「かなん」は「適う」に近い。つまり、「理に合わない」ことを示しているのだ。

たとえば、取引先へ値上げの交渉に出かけたとする。諸物価の値上がりや人件費の値上げなど、さまざまな要因を説明して最後には頭を下げる。そんなとき、関東なら取引先の担当者は、「う〜ん、困ったものだね」と表情を曇（くも）らせる。ただし、この時点では、値上げを了承するかどうかは不明だ。

これが関西の場合、同じような状況で頭を下げたら、「う〜ん、かなんなぁ」との返事が来る。ただし関東と違い、すでに条件を呑（の）む意思があるのだ。「かなんなぁ」には「あきらめ」の意味も含まれていて、「条件に合わないけれど仕方がない」ときに「かなんなぁ、そやけどしょうがないか」と言ったりする。

また、どうしても断れない申し出を受けたときも、「かなんなぁ」と言いながらしぶしぶ引き受けたりする。

条件が呑めないときは「考えとくわ」とやんわり拒否するか、単刀直入に「そんなん、あかん、あかん」である。

この「かなんなぁ」は、人に伝えるだけではなく、独り言でも使う。天気予報では晴れだったのに、突然、雨が降り出したときは「傘、持ってきてないがな。かなんなぁ」とつぶやく。

電車に乗って席が空いていないとき、「今日、足痛いのに座られへんがな。かなんなぁ」と周囲に聞こえるように言ったりもする。この場合は「困った」の意味が強く、「貯金がのうなって、かなんわぁ」とか「財布落として、かなんことになった」とも表現する。

ちなみに、「敵わない」の場合は「かなわん」で、「大阪は東京にかなわん」とは言うが、略して「かなん」とは言わない。肯定の「適う」は同じだが、「適った」は促音が音便化して「かのうた」、もしくは「かのた」となり、「理に適った話」は「理にかのた話」だ。

このように、「かなんなぁ」は否定語ではあるが、しぶしぶの肯定も含まれている。何らかの意思を示して「かなんなぁ」と言われたときは、完全な拒絶どころか、「仕方ない」「しょうがない」という意味であることを覚えておきたい。

京都弁の「おおきに」はなんと、断るときにも使われる！

関西でも主に京都と大阪で用いられる「おおきに」。特に京都の人は、何かにつけて「おおきに」を使う。物を買ってもらって「おおきに」、褒められて「おおきに」、いただきものをして「おおきに」と言うのは当たり前だが、昔はすれ違っただけでも「おおきに」と言ったらしい。

「おおきに」は、少なくとも平安時代から使われていたというが、今も京都で一番よく聞かれる京都弁は「おおきに」ではないだろうか。ことに花街・祇園では「おおきに」の声の絶えることがない。決して早口でなく、ゆっくりとした発音で、心を込めて「おおきに」と言うのがポイントだ。

「おおきに」は「おおきにありがとう」（たいへんありがとう）の省略形だとされるので、「ありがとう」の意味で使われるのはもちろんだ。

だが、ややこしいことに、京都人は頼まれごとを断るときも「おおきに」と言う。その違いは、語尾が上がれば「断り」、「き」にアクセントが付くなら「承諾」と受け取れる。

さらに「おおきに」は、本来の「たいそうな」「大きい」という意味を表すこともある。ややこしいようだが、この場合、最初の「おお」にアクセントが来るから、聞けばすぐにわかる。

同じ「おおきに」でも、文脈と状況とアクセントなどから、京都人にはちゃんとそれぞれの意味が聞き分けられるという。

なお、京都人が断るときに「あきまへん」「いりまへん」などとストレートに言うことはめったにない。前に述べた「おおきに」のほか、「**さあ、どうどすやろ**」とか「**そら結構どすなぁ**」などのワードを使うことが多い。

イエスかノーか、ちょっと聞いただけではよくわからないようにするのは、決して相手に「いけず」をしているのではない。なるべくカドを立てないように、相手を立てつつ、自分の意思を遠回しに伝えるのが京都人のやり方なのである。

「おおきに」を本場で使うなら、くれぐれもアクセントをお間違えなく。

京都人は、総菜を「おばんざい」とは呼ばない

京都の伝統的な家庭料理といえば、「**おばんざい**」を思い浮かべる人もいるだろ

う。実際、京都の街には「おばんざい」と書かれた看板を掲げる店が多いし、グルメ関連の雑誌などでも「京のおばんざい」がテーマとして取り上げられることもある。だが、当の京都の人々が、日常的に「おばんざい」の呼称を使うことは、ほぼない。

そもそも「おばんざい」とは「お番菜」と書く。この「番」には、番茶や番傘のように「常用の」、あるいは「粗末な」といった意味がある。つまり番菜とは「質素なおかず」のことで、「おあつらえの料理でなく、出来合いのもの」という意見もある。少なくとも、来客をもてなすための料理ではないのだ。

番菜ということばは江戸時代後期には用いられていたようで、同時代の風俗を記した『守貞漫稿』には、「平日の菜を京坂にては番さいと云ふ」とある。なお江戸では「惣ざい」と呼ばれていたとされ、これは現在でも「普段のおかず」を表す「惣菜」となっている。

当時の番菜は商家の奉公人や庶民向けの料理で、彼らは身近な食材を無駄なく使い、これを食していた。番菜には1か月の中で節目となる日に食べる料理が決まっていたとされ、1日にはニシン昆布、8の付く日には油揚げの刻んだものとアラメ（海藻の一種）の炊きもの、15日には海老芋と棒ダラを煮た「いもぼう」、そして月末にはおからなどが並んだという。

こうしたしきたりから、番菜の「番」には順番の意味があったともいわれている。だがその後、近代化が進むと奉公の習慣は廃れ、食生活が豊かになっていくにつれて、「番菜」もしだいに聞かれなくなっていった。

この消滅しかけたことばが蘇ったのは、1960年代半ばのことだ。きっかけとなったのは、朝日新聞京都版が「おばんざい」というタイトルで、京都の家庭料理や歳時記を紹介する連載を始めたことだったという。

執筆にあたったのは京都出身の随筆家・大村しげ氏とその仲間で、これ以降「おばんざい」が、京の食文化を象徴する語として全国に普及していったとされる。

つまり「おばんざい」は、京都の人々の日常語が全国に浸透したことばではなかったのだが、では、京都の人々は日常の料理を何と称しているのかというと、その答えはいたってシンプル。「おかず」である。

「ぶぶ漬けでもどうどす？」という発言の真意とは

京都人は、物事を遠回しに言う気質があることで知られている。それは、相手のことを考えて物事をオブラートに包み、やんわり伝える心配りからだとされる。しかし逆に、裏表のある「いけず」としても捉えられてしまうこともある。その代表が「ぶぶ漬け伝説」だ。

ぶぶ漬けとはお茶漬けのこと。「ぶぶ」はお湯やお茶を意味し、丁寧語では「おぶ」という。「そろそろお帰りになっては?」の意味で「ぶぶ漬けでもどうどす?」と言われ、本気で「じゃあ、いただきます」と喜ぶと、京都の人に礼儀知らずと笑われてしまう――。これが「ぶぶ漬け伝説」である。

この話はすっかり本当であるかのように語られているが、実際は「お構いできるものは何もありませんが、せめてぶぶ漬けでも食べてゆっくりしていってください」という京都流のおもてなしのようだ。

京都では昔からお茶漬けやお粥が身近な食べ物であり、江戸時代の商家などでは、朝と晩にお茶漬けを食べる記録が多く残っているという。漬物や塩昆布など、お茶漬けに合う食べ物も多く、自然とこういった「遠回しで控えめな挨拶ことば」が出るようになったのだろう。

一方で、本音を隠して「いけず」を言う文化があるからこそ、こういった伝説がまことしやかに語られるのも事実。上方落語のネタ「京の茶漬け」や、江戸時代の小咄（こばなし）にも登場することを見てもわかるとおり、イメージとして大きくは間違っていないのである。

たとえば「うるさい人やな」という意味を込めて「元気な人やな」と言ったり、「がめつい（欲深い、厚かましい）人やな」という意味合いで「しっかりしてはるな」と声をかけたりする。「ええ時計してはりますなあ」が「話が長すぎる、ずいぶんと時間が経っていることに気付いてほしい！」という意味で、冷や汗をかいたという体験者の投稿が話題になったこともある。

やはり遠回しにものを言うのは、京都人の特徴なのだ。

しかしなぜ京都人は、このような婉曲（えんきょく）表現をするようになっていったのだろう。

一説には、約1200年間、都として国の中心を担（にな）っていたが、権力が交代する際には陰口がはばか

られることが多かった。そのため、疑いをかけられても言い訳ができるように、陰口やイヤミに聞こえない曖昧な言い方や、本音かどうかわからない表現が増えていったともいわれている。

一筋縄ではいかない言い回しの向こうには、京の都の複雑な歴史が関係しているようだ。

「もうかりまっか」と挨拶する大阪人などいない

大阪弁というと、多くの人が思い浮かべるフレーズが「**もうかりまっか**」ではないだろうか。大阪人、とりわけ大阪の商人は挨拶代わりに「もうかりまっか」と言っている――と思っている人もいるかもしれない。

確かに、カネに細かい大阪人ならいかにも好んで使いそうなフレーズではある。だが実際のところ、この文句を日常会話で使う大阪人はまずいない。

そもそも「もうかりまっか」は、標準語で言えば「お金をたくさん稼いでいますか」で、相手の懐具合をたずねるフレーズだ。日々顔を合わせる相手に対してそのような探りを入れるのは不自然だし、失礼だろう。

また、商売がうまくいかず困っている人に「もうかりまっか」などイヤミにしか聞こえないうえ、人によっては「こいつ、人をバカにしてるんか？」と、とられかねない。

いずれにしても、大阪で「もうかりまっか」というフレーズが飛び交うことはないということだ。では、なぜこれが大阪弁の代表格のように扱われるようになったのだろう？

「もうかりまっか」を誰が最初に使ったのかは不明だが、昭和30年代前半、高名な評論家が大阪人の基本的性格を「金銭第一主義」としたうえで、「『もうかりまっか』ということばが日常の挨拶となっている」と指摘した。これが流布（るふ）し、やがて週刊誌などのメディアが「大阪人は顔を合わせると『もうかりまっか』と挨拶する」と言いだしたのではないか、という説がある。

実際に大阪商人が交わしている挨拶ことばは何かといえば、「**まいど**」だろう。「まいど」は、「毎度おおきに（いつもありがとうございます）」などの言い方で使用されるが、単に「まいど」で済ますこともある。そしてこのあと、「最近どないや？」などとたずね、これに対する答えの定番が「まあ、ぼちぼちやな」だ。標準語にすると、「最近の調子はいかが？」「まあまあですね」といったところか。

「**ぼちぼち**」は、商人のみならず関西人の日常会話では頻出のワードで、「少しずつ」「ゆっくり」などの意味がある。

もとは雨の滴（しずく）が「ぽつりぽつり」と降る様子に由来する擬態語とされ、これが挨拶で使われる場合には「どうにかやっています」「少しは順調です」といった意味になる。

つまり、特別良い状況でもなければ悪いわけでもない状態を示すことばで、実に当たり障（さわ）りのない、絶妙なニュアンスを持った方言といえるだろう。

軽妙な大阪弁を駆使した作品を数多く著した作家・田辺聖子も「ぼちぼち」について「何ということなく、どことなく物事がいいように変化推移するという、希望的観測を暗示する」ことばだとしている。このように「ぼちぼち」は使い勝手がいいだけでなく、懐（ふところ）の深さを感じさせるワードでもあるようだ。

互いに「もう使わないよ」と思っている関西弁・関東弁

「もうかりまっか」だけでなく、「**そうでおまんな**」「**そうでっしゃろ**」「**そないなこと、言いなはんな**」という言い方を、現代の関西人はしない。では何と言うのかというと、順に「そうやなぁ」「そうとちゃうのん」「そんなこと、言わんといて」となる。「**そうだす**」の「だす」も使わない。「**あんじょうしてんか**」よりも「あんばいしてや」のほうが使用頻度は高い。

しかし関東人の中には、これらの、もはや使われなくなった関西弁が、いまだに現役だと思っている人もいるのではないだろうか。

逆に、「もう、そんなことばは使わないよ」という東京弁が、まだ話されていると勘違いしている関西人もいる。

たとえば、「**おったまげた**」。お笑い芸人の平野ノラは、肩パッド入りのボディコンスーツにロングワンレンで、巨大な携帯電話を肩からぶら下げ、「おったまげ〜」と言うネタを披露していた。実際のバブル期に、そんな文句を耳にした記憶はないが、「ほぉ、東京は今でも『おったまげた』って言うんや」と信じた関西人は少なくない。

「**てやんでぇ**」や「**べらぼうめぇ**」も同じだ。「東京人怒らしたら、『てやんでぇ』って言うんやで」と信じている関西人はいる。

「新宿や渋谷はともかく、浅草ではべらんめぇ調の江戸弁で話す人が多い」と期待して東京に行く人もいる。だが、そんなものは関西人の幻想にすぎない。

そもそも関西人は、東京の山手と下町の区別がつかない。江戸情緒が残る浅草と西郷さんの上野と、寅さんや両さんの葛飾（かつしか）がすぐ近くにあると思い込んでいる人もいる。少し知っている人でも、上野と秋葉原が同じ台東区だと聞けば、「そんなん、全然、雰囲気ちゃうやん」と驚いてしまう。

だが、地理でいえば関東人も同じだ。大阪城の近くに通天閣がそびえていると思っている人がいるが、大阪城は中央区にあり、通天閣はその南隣の浪速（なにわ）区だ。

ことばに戻せば、「あたぼうよ」「しんぺえすんな」「おてんとうさまが見てやがらぁ」などを今も東京人は使っていると、関西人は思っているのだが、それは「江戸が東京になってから、まだ150年とちょっと。そないにことばが変わるわけないやろ」と考えているからでもある。

このあたりは関東も関西も、どっちもどっちといったところか。

2

関西弁VS関東弁にこだわる関西人のリアル

「じゃん」という語尾が関西でほぼ使われないわけ

実のところ、関西人は東京弁を毛嫌いしていない

関東の人の中には、「関西弁アレルギー」とも受け取れる人がいる。「関西弁って乱暴で下品。いつも怒ってるみたい」というのが、その理由だろう。そんな関東人の中には、逆に関西人こそ、東京弁が嫌いだろう——と思っている人もいるかもしれない。だが、実のところ、関西人は東京の人が思っているほど、東京弁を毛嫌いしていない。

関西人が憧(あこが)れるのは、東京弁の中でも昔ながらのことば遣い、つまり「江戸弁」だ。気っぷのよい江戸弁をテレビなどで耳にすると、「あ、カッコええな」と思うし、江戸落語を聞けば「粋(いき)やなぁ」と思う。もちろん関西弁にプライドはあるものの、江戸弁の独特のニュアンスを好ましく感じるのだ。

では、現在の東京の人が話すことばはどうか？

これも意外と好きだったりする。特に女性の話し方が好きだという関西の男性は多い。たとえば、繁華街でキャッチのお姉さんに声をかけられたとしよう。

大阪なら「なあなあ、お兄さん、どこ行くん？」である。「これから急いで帰らなアカンねん」と答えると、「そうなんや、気ぃつけてな」で終わる。これが歌舞伎町

だったらどうだろう。

「ねえねえ、お兄さん、どこ行くの?」

「これから急いで帰らなアカンねん」

「あ、お兄さん、大阪の人なんだぁ」

「そう」

「そうなんだぁ、気をつけてね」

文字にしてしまうと実感は薄いが、アンニュイな感じで語りかけられると、「帰るのやめてついてっちゃろかな」という思いに囚われたりもする。普段聞き慣れないというのも多分に影響してはいるのだろうが、関西のもっちゃりとしたものとは違う語り口に惹かれてしまうのだ。

「関西人は関西に強いプライドを持っている」と関東の人は思っているかもしれないが、さほど強烈でもないし、東京に憧れを持つ人も多い。「東京みたいなもん、なんぼのもんじゃ!」といきがってみて

も、内心は勝ち目のないことはわかっている（生粋の京都人は除く）。

ただ、そのほかの方言も、関西人にとっては同じだ。博多弁、土佐弁、名古屋弁、東北弁にも、関西人は好感を抱く。

関西人が耳障りに感じるのは地方出身の人が使う「エセ東京弁」。「自分とこの方言あるんやさかい、それでしゃべれや！」と思ってしまう。気に入らないのは、東京人に合わせすぎて自分のクニのことばを使わない、もしくは忘れてしまう人たちなのかもしれない。

「エセ関西弁」は、聞くのも読むのも大嫌い！

「どうして、そんなに嫌うの？」と、関東人や他地域の人たちに不思議に思われるだろうのが「エセ関西弁」だ。「なんか、バカにされてるようやから」「いちびって使てるようやから」というのが、関西人の心境なのである。

特に京都は、学生の街でもあるので、東京並みに地方出身者が進学してくる。だからといって、奇妙な京都弁を話されると頭にくるという。「京都のお人やないのに、『おおきに』やら『どす』やら、なんやけったいやわ」ということになる。

もちろん大阪、神戸も同じだ。妙なイントネーションだったり、関西弁の単語と標準語の単語が混じったセリフを聞いたりすると、どんなに優れた映画やドラマでも見る気が失せてしまうのだ。

聞くだけでなく、変な関西弁を「読む」のも嫌う。

「こんな時はどうしたらええねん」などという文章を見たら、「こんな時、どないしたらええねん、やろが！」とツッコむ。出会い系アプリのネットCMで「すごい美人と出会えまっせ」とあれば、「ごっついべっぴんと出会えるで、やろ！」と憤慨してしまう。

ミステリー小説で「おまはんが、この事件の犯人でっしゃろ」とあれば、「今どき、『おまはん』やら『でっしゃろ』やら言わんやろ！　お前は江戸時代の船場のあきんどか！」と、時代錯誤にも腹を立てる。

特に関西の仕事を受けたコピーライターは、「関西人向けだから、語尾に『やで』とか『ねん』とか入れておけばいいだろう」と安易に考えないほうがいい。広告の効果が半減どころか、ゼロに近いものになってしまう恐れがあるのだ。

また、関西の芸人が東京に出て、関西弁を忘れてしまうのも嫌な気分になる。「だって、そんなふうに言ってたやないですか」などと聞くと、「『だって』と違ごて、

『そやかて』やろ?　『言ってた』と違ごて『言うてた』やろ?　大阪捨てた芸人はあかんなぁ」と寂しい気持ちになってしまうのだ。

関西人は「エセ関西弁」をアクセントで聞き分ける

繰り返すが、関西の人間は、必ずしも東京の人の使うことばに嫌悪を抱いているわけではない。嫌だと感じるのは、関西出身でない人が使う関西弁だ。

もちろん、指導を受けて練習を重ねた俳優が使うような、流暢で正しい関西弁に文句はない。「この人、大阪出身ちゃうのに大阪弁、上手やわぁ」と尊敬したりもする。あくまでも許されないのは「エセ関西弁」なのである。

「エセ関西弁」の代表が、アクセントのおかしなことば遣いだ。「まいど」や「おおきに」、「さぶいぼ（鳥肌）」や「めばちこ（ものもらい）」のような関西特有のワードのみならず、標準語でも単語によってアクセントは異なる。

たとえば、「スコップ」は「コ」にアクセントがあり、標準語の「ス」ではない。

ちなみに、関西では小さいのをスコップ、大きいのをシャベルと呼び、関東とは逆になる。

また「ウチは大阪の女やさかい、東京には一緒に行かれへん」を関東のアクセントで話されでもしたら、それこそ「さぶいぼ」が出てしまう。

文字では表現しづらいが、あえて言えば、関西では「ウチ」は「チ」にアクセントを置き、「大阪」にアクセントはなく平坦。「女」は「ん」、「一緒に」は「に」、「行かれへん」は頭の「い」にアクセントがくる。そして「東京」は平坦で「トーキョー」と伸ばす。

アクセントについてはことばによってさまざまな違いがあり、必ず「こうだ！」というものはない。「雲」と「蜘蛛(くも)」、「橋」と「箸」の違いは有名だが、標準語と関西弁でアクセントの置き場所が違うだけで、「2文字だからこうしなさい」という規則はない。

ただ、規則性があるとすれば3文字の単語だ。例を挙げれば、「ゴリラ」「田中」「令和」。これらはすべて2文字目にアクセントがくる。そのほかでも「クジラ」「花子」「メガネ」なども2文字目だ。しかし、「佐藤」「ソース」「タバコ」などは1文字目。「ゴジラ」に関しては、1文字目派と2文字目派に分かれる。

このように、正しいアクセントを身に付けたいなら、それこそ「耳で聞いて実際に話して覚えてください」としか言いようがないのだ。

「じゃん」という語尾が、関西でほぼ使われないわけ

「その服カッコいいじゃん」「そんなの簡単じゃん」など、語尾にくっつく「**じゃん**」。これは「〜だよね」「〜でしょう」など物事の確認や自分の意見・感想をはっきり言う場合に用いられる語尾で、関東ではよく聞かれる。

実際、「じゃん」を使う頻度について調査したところ、「ごく普通に使う」「時々使う」と回答した人の比率が高かったエリアは東日本に集中しており、関東各都県ではおおむね9割に上ったというアンケート結果もある。

この「じゃん」は、共通語ではなく横浜弁だとされることがある。確かに神奈川では約96％の人が「使う」と回答しており、この高い数字を見ると〝横浜発祥説〟を裏付けているようにも思える。

しかし「じゃん」は、もともと山梨や長野など中部地方の方言であったとされ、「〜ではないか」がもとの形と考えられている。

これが「〜じゃないか」→「じゃんか」→「じゃん」に変形。中部地方では否定の「ない」が「ん」に転じるケースが多く、「じゃないか」が「じゃん」になるのも自然な流れだったようだ。

そして「じゃん」は人の流れとともに横浜に入り、高度経済成長期に街が発展するにつれて「じゃん」を使う人も増加。現在では関東のみならず、九州の一部や中国地方でも使用され、広島県では観光用ポスターのキャッチコピーに「ええじゃん広島県」と記されたこともあった。

一方、「じゃん」には空白地ともいえるエリアがある。関西だ。

この地域での「じゃん」の使用率は低く、三重県以外の府県では5割未満である。大阪では3割以下に落ち込み、「聞いたことはある」でさえ半分程度で、4人に1人は「じゃん」を「全く知らない」と回答。他府県でも同様の傾向が見られた。

関西で「じゃん」があまり使われない理由は、「じゃん」と同じ意味を持つ語尾である「**やん**」「**やんか**」が定着しているためだ。これらは「～やないか」

の訛（なま）ったもので、「やんか」は明治時代に若い女性の話しことばとして生まれたとされる。「やん」は「やんか」の「か」が脱落したもので、関西では老若男女を問わず広く使われる。

たとえば、冒頭のことばを置き換えると「その服カッコいいやん」「そんなん簡単やんか」となる。さらに、関西には「**やんけ**」という、いささかぞんざいに聞こえる語尾もあり、これらのことばが深く根付いているため、あえて「じゃん」を使う必要がないというのだ。

全国展開する「じゃん」と、独自性を保つ関西の「やん」。気をつけていただきたいのは、関西人は「じゃん」を使わないだけでなく、毛嫌いしたりバカにしたりする傾向もある。「僕ってさ、横浜の出身じゃん」と口にしようものなら、「じゃん、やて。何カッコつけてんねん」と嘲笑されることもあるので要注意だ。

「〇〇な人」「〇〇じゃないですかぁ」…関西人が嫌いな言い回し

関東では普通に使われている「じゃん」を、関西人は使わないと説明した。使わないどころか、耳に入ると「さぶいぼ出るわ」というほど嫌っている。同じように、関西人が嫌う関東の言い回しがある。一つは「**〇〇な人**」である。

「私って、お魚食べられない人だからぁ」

食事に誘って、そんなことを言われると、「食べられへんのはお前やろ！　人ってなんや、え、なんやねん！」となる。素直に「食べられない」と言えばいいのに、と回りくどい言い方を嫌うのだ。ただし、関西の女性が「うち、お魚食べられへん人やねん」と言えば、「食べられへんのん、自分ちゃうん？　人ってなんやねん。かなわんなぁ」と怒りのボルテージは下がる。

同様に、「**〇〇じゃないですかぁ**」も毛嫌いする。「私って、着やせするタイプじゃないですかぁ」と言われると、「そんなん、知らんがな」とあきれて返される。エスカレートした表現では、「お前が着やせしようがしまいが、わいに関係ないやろ」となる。

この場合は、「私、着やせするタイプなんですよね」が正解。関西の女性は、「うちって、着やせするタイプやないですかぁ」とは口が裂けても言わない。「うちって、着やせするタイプやねん」なら、「へえ、そうなんや。確かめてええ？」と、男は鼻の下を伸ばしてしまう。

エッセイなどの末尾で使われる、「**こう思うのは私だけでしょうか**」も好まれない表現だ。いや、好まれないというよりも、ツッコミが入ってしまう。関西人の中には、ツッコむことばやタイミングを、虎視眈々と狙っている人もいる。そんな人が、「私だけでしょうか」という表現を見ると、それがたとえ文章であっても「お前だけじゃ！」とツッコんでしまうというわけだ。

ただ、この表現は関西人の書いた文章などでも、時折見かける。そのたびにツッコミマニアは、口に出さなくても「そんなん思うの、お前だけじゃ」と心の中でつぶやいている。いっそ、「こう思うのは私だけではないはずだ！」と言い切ってほしいと思っているのだ。

関東人の「ウケる」に関西人はイラッとする！

関西人は、何よりも笑いのセンスが命。そのため、「おもろいやつ」は褒めことばだと説明した（29ページ参照）。しかし、「面白い」の意味で、「ウケる！」と関西人に言うのはNG。〝耳障りだと感じる関東弁〟の筆頭に、このことばを挙げる関西人は少なくないからだ。

もともと「ウケる」は、「評判である」という意味を持つ。これは賞賛を「うける」を略したという説、芝居などで役者が観客から拍手喝采を「うける」ことから来た楽屋ことばが発祥など、諸説ある。

その「うける」が「面白い」「笑える」という意味として流行りだしたのは、1980年代後半頃。バブル景気により、会話は情報伝達の手段から、ノリ重視の盛り上げスキルとして重宝されるようになっていった。そこで「面白い」も賞賛の対象となり、「ウケる」と表現されるようになっていったのだ。

しかし、自分のギャグがウケるか・ウケないかをシビアに考える関西人。それをあっさり「ウケる！」の3文字で、しかもそればかり言われてしまうと、どこか〝上から目線〟に感じてしまう。

関東人が100％褒めるつもりでこのことばを口にしたとしても、相手が関西人なら、かなりの確率で顔が引きつってしまうだろう。

そして実は、この「ウケる」にイラッとくるという現象は、どうやら全国区で広がっているようだ。90年代のコギャル文化により、若者になんでも「ウケる」「ウケんだけど～！」で済ませられ、そのトラウマから「バカにされている気がする」と、イラッとする中年男性は多い。

加えて2000年代に入り、ネット文化や掲示板の2ちゃんねる（現・5ちゃんねる）の流行で、「ウケるｗｗｗ」などと、「ｗ」とセットで相手を見下す書き込みが出現。「評判である」というもともとの意味は薄らぎ、年々「相手を見下して笑う」というイメージが強くなっていったことは否めない。

そのせいか、現在では「ウケる」はあまり使われなくなっているようで、検索すると「死語」という追加ワードも登場する。代わりに「笑う」「死ぬ」「ワロタ」「草」などがネット界隈（かいわい）では使用されているようだ。

ただ、そのどれを使っても結局、笑いに誇りを持つ関西人はイラッとしそうだ。本当に面白いなら、「面白い！」とストレートに言うほうが喜ぶだろう。

関西人が聞くとテンションが下がる、関東人の口癖は？

東京の人は「**そうなんだぁ**」と、よく口にする。関西弁で言えば、「そうなんや」となる。「そうなんや」の疑問形が「そうなん？」で、東京弁で言えば「そうなの？」である。

この「そうなん？」は、関東人が好きな関西弁の一つだともいわれる。しかし関西人が耳にしてテンションの下がることばが、冒頭の「そうなんだぁ」である。

たとえば、関西の男性が東京の女性と会話をしているとする。男性は女性を楽しませようと思い、あれやこれやと話題を提供する。それに対し、「そうなの？」と返されると「この子、俺の話に興味あるな」と捉えるが、「そうなんだぁ」と軽くあしらわれたときは、「何やねん、こいつ」と憤（いきどお）りさえ覚えてしまうのだ。

ただし、これは関西人同士でも同じ。会話の途中で「そうなんや」と冷たく言われると、話はフェイドアウトしてしまう。しかし、「そうなんや」にはニュアンスで違いがあり、「そうなんや、それで？」と話の続きを求められたり、「そうなんや！」と語尾を強調されたりすれば、「うん、ほんでな」と次の話題につながる。

「そうなん？」に関しても、語尾のアクセントが強ければ興味あり、弱ければ興味なし。「そうなん？　それで、それで」と前のめりになられるとうれしくて、「そうなん？」だけでも、女性に上目づかいで小首を傾げて言われるとテンションはマックスになる。

ただ「そうなん？」だけを口にするのは、ほぼ女性である。男性は納得の意味で「へぇ、そうなんや」、疑問の場合は「それって、そうなん？」「ええ？　そうなん？」となり、「そうなん？」を単独で使うことは少ない。

ただし、「そうなんだぁ」と言われて気を悪くしないパターンもある。

男性の場合、女性が接客してくれる店などで「お客さん、関西の人?」「うん、大阪」「へえ、そうなんだぁ。東京へはお仕事?」というふうに、会話を成立させてくれれば問題はない。それどころか、あか抜けたことば遣いにゾクゾクしたりもする。

女性の場合も、話さえ続けてくれるのであれば、東京の人の「そうなんだぁ」を毛嫌いはしない。それどころか、「大阪では耳にでけへんシャレたことばやわぁ」と好感を抱いたりもする。

注意が必要なのは、関東人が関西人に言われる「そうなんや」である。

東京の「そうなんだ」は単なる相槌(あいづち)なので、これに慣れていて話を続けようとしても、関西人の「そうなんや」の意図は〝会話を中断したい〟だったりする。それがわからずに、同じ話題を押し進めようとすれば、「もう、その話はええっちゅうねん」と内

心で思われてしまう。

判断の基準は、やはり語尾のアクセントと態度や表情。さらに「ふ〜ん、そうなんや」と「ふ〜ん」が付いたときは、さっさと話題を変えたほうが無難である。

べっぴん、キレイは言うが、「ステキ」とは言わない謎

日本語を理解できるとは、標準語が理解できるということ。だからこそ、標準語で書かれた新聞を読み、標準語で話すテレビニュースを聞くことができる。ただし、理解できるからといって、使うかどうかは別問題。標準語の単語でありながら、関西人がめったに使わないのが「**ステキ**」だ。

「ステキ」とは、心惹（ひ）かれるさまや素晴らしい様子を意味する。漢字では「素敵」と書くが、これは当て字。江戸時代まではかな書きで、明治時代になって「素的」の字が当てられ、大正時代頃に「素晴らしすぎて敵（かな）わない」ということから、「素敵」になったといわれている。

そんな「ステキ」は、「そのお洋服ステキね」とか、「あの2人、ステキなカップル」というふうに、もっぱら褒めことばとして用いられる。また「この風景、ステ

キ」や「ステキなお料理」というように、自身の感想を表現する際にも使われる。

もちろん、関西人も「ステキ」と言われれば、すなおに喜ぶ。だが、「自分、ステキやなぁ」とか「あんた、ステキなネックレスつけてんなぁ」とは言わない。明確な理由は不明だが、考えられる要因の一つが「ステキ」に含まれる「テ」と「キ」の音だ。

関西弁は「イ段」と「エ段」の音を、「ウ段」や「オ段」に変えてしまうことがある。「面白い」は「おもろい」だし、「待っている」は「待っとる」、「きちんと」は「ちゃんと」となる。「ステキ」は3文字中、「テ」と「キ」の2文字が「エ段」「イ段」で、なんとなく耳障りに感じてしまう。「ステキやなんて、なんかこそばい言い回しやわぁ」となってしまうのだ。

同じように「美人」とはあまり言わない。「べっぴん」である。ただし「キレイ」は使う。キラキラした輝かしいイメージにふさわしいからかもしれない。この辺りは、あいまいである。

ただし、最近は関西の女性でも「カワイイ」が主流だ。「イイ」の関西弁が「ええ」だからといって、「かわええ」とは決して言わない。関東の表現が関西に、オシャレな表現として伝わったのだろう。だからといって、なんでも「カワイイ」は、いかがなものか？　と思うのは、関西のみならず全国的な意見だろう。

関西人は、標準語を「話さない」のではなく「話せない」！

「日本に住んでいるんだからさ、きちんと標準語で話せばいいのに」と関東の人は言う。だからといって、関東人が正しい標準語を話しているのかどうかは疑問だ。関西人なら、そのように思ってしまう。

それに対し、「正しいか間違っているかはともかく、関東に来てまで関西弁を話し続けるのは、どうなのよ？」と関東の人は言う。確かに一理あるが、この人は大きな誤解をしている。関西人はわざと関西弁を話しているのではなく、関西弁しか話せないのだ。

そもそも「日本全国、義務教育では標準語を習う」わけではない。教師も関西人なら関西弁で話す。もちろん、周囲の人もすべて関西弁だ。「でもさ、テレビは標準語だろ」との意見もあるだろうが、まあ聞いて（読んで？）ほしい。

関西にもテレビ局があり、しかもほかの地域と違って、大阪や神戸には東京のキー局に対応するテレビ局が存在する。ＮＨＫはもちろん、ＴＢＳならＭＢＳ、テレビ朝日ならABCテレビ、フジテレビならカンテレ、日本テレビなら読売テレビ、テレビ東京なら大阪テレビか神戸のサンテレビだ。

そして、関西には関西独自のテレビ番組もあるし、全国ネットで流されている大阪制作の番組もある。有名なのがABCテレビの『探偵！ ナイトスクープ』(ただし、テレビ朝日では放送されていないが)。今でこそ関西以外の出身の探偵もいるが、かつては関西人で占められていた。当然、話すことばは関西弁だ。

NHKの連続テレビ小説も、大阪局制作作品は関西を舞台にしたものが多い。セリフはやはり関西弁である。

関西ローカルの情報番組も、東京や他地域のレギュラーコメンテーターもいるが、司会を含めて、ほかはすべて関西人。もちろん、アナウンサー以外は関西弁だ(アナウンサーも時折関西弁が混じる)。ほかにも、ローカル番組は当然、基本は関西弁。『よしもと新喜劇』(MBS)も全員が関西弁で演じるし、ラジオ番組も同じだ。

もうおわかりだろう。生活環境はもちろん、テレビもラジオも関西弁なので、標準語を聞く機会がそもそも少ないのだ。

さらに関西人が標準語を話せなくなる理由としては、関西弁と標準語の区別がつかないことが挙げられる。「**ほかす**(捨てる)」「**なおす**(しまう)」は有名だが、関西では30分のことを「**半時間**」という。半年や半日と同じ意識だ。けれど、関東では通じない。東京に行って「あと半時間で終わります」と口走ってしまい、キョトンとされた経験を持つ人もいる。

単語は標準語であっても、アクセントやニュアンスが関西弁ということもある。関西人の中には、進学や就職で他地域に出たものの、関西弁以外を話せず、失語症になりかけたという話も耳にする。

関西人は「頑(かたく)なに関西弁を話す」のではなく、「関西弁以外のことばを話せない」のだ。なかには「どちらかというと、標準語より英語のほうが得意」という人さえいるという。

在京の関西人が、関西弁を話したくなるときとは?

いくら標準語が苦手な関西人でも、何年か住んでいれば訛(なま)りは抜ける。「あれ？君は関西出身なのに関西弁じゃないの？」と、からかわれたりもする。訛りの抜ける期間は人それぞれだろうが、大学生なら在学中にすっかり東京ことばになるというパターンが多そうだ。

だが、そんな関西出身者でも、関西弁をしゃべりたくなるときがあるという。一つは関西の同窓会に出かけたときだ。ただ、この場合はしゃべりたくなるというよりも、しゃべらざるを得ない。

アナウンサーのような標準語ならいざ知らず、「じゃん」「だよね」などと口走った瞬間、「なんやねん、あいつ、東京かぶれしやがって」という冷たい視線にさらされるか、「あの子のしゃべり方、なんかきしょいわぁ」と陰口をたたかれてしまう。「きしょい」は「気色(きしょく)悪い」の略で「気持ち悪い」の意味だ。

社会人なら、同窓会の席で名刺を交換することもあるだろう。交換した相手が、「オレも東京にはよう行くさかい、今度メシでも食(く)おや」と言う。そして、実際に上京してくる。約束どおり食事に行って、しばらくは普段のことばで会話する。東京には頻繁に来ているようだし、ビジネスの席では互いに標準語を話すだろう。

だが、プライベートな話になれば、関西在住の相手は、徹頭徹尾(てっとうてつび)、コテコテの関西弁で話してくる。

「この前の同窓会で、五十嵐来てなかったやろ。あいつなぁ、借金で飛んでもたみたいやわ」

「へえ、そうなんだ」

「恵美ちゃん、覚えてるか。離婚して今独りらしいで。自分、昔、好きやったんちゃうん」

「そんな、昔の話を今さら」

会話は弾むが、何やら腰のあたりがムズムズする。

「それで、いつまで東京にいるの？」

「明後日には帰る予定や」

「どこに泊まるん？」

ここでハッとする。いつもなら「泊まるん？」ではなく「泊まるの？」と聞くはずだ。こうなると、あとは堰(せき)を切ったように関西弁が出てくる。そして、久しぶりに関西弁を話している自分に驚いてしまう。

「オレ、まだ話せるやん」と、嬉しくなったりもする。そうして2軒目に突入すれば、ことばは完全に関西弁である。

人との会話だけでなく、1人でテレビを見ている

ときも、妙に関西弁を話したくなるときがあるらしい。「なんや、あの役者の関西弁、おっかしのう」「いやいや、それはお前だけやろ」と、エセ関西弁を非難したり、テレビにツッコんだりしてしまう。

東京にはかなわないことはわかっていても、どこかで関西のほうが勝っていると いう気持ちもある。SNSで関西の人とつながり、地元の話題についつい「いいね」を付けてしまう。そんな関西人は少なくない。

たいがい、なんぎ、しょうみ…今も関西では古語が現役!

2016年度下半期放送のNHK連続テレビ小説は『べっぴんさん』で、昭和時代の神戸を舞台にしたドラマだった。このタイトルを見て、「古いことばを使ってる」「昭和に合わせたのかな?」と思った人が、関東にはいたかもしれない。

しかし関西では、「べっぴんさんなんやぁ。ふ〜ん」と、なんの違和感もなく受け入れられた。なぜなら関西では、関東などで使われなくなった古いことばを、現在も普通に使っているからだ。

「**べっぴん**」は、京ことばで「特別によい品物」を意味する「別品」が由来という説がある。本来、「別品」は品物だけを指したが、優れた人にも使われるようになり、やがて女性の容姿のみを指すことばになっていったという。漢字では「別嬪」と書き、「嬪」は中国語で「皇帝の側室」「宮廷の女官」を指す。

やがて「別品」に「高貴な女性」を意味する「嬪」の字が当てられ、「別嬪」と書かれるようになった。化粧をしていない顔を「すっぴん」というのは、「別嬪の素顔」の倒置からきているのだ。

また、「ほどほど」や「なかなか」と同じく加減を表す「**たいがい**」も、関西では健在だ。漢字で「大概」と書くように、もともとは標準語。「あんた、たいがいにしときや」というふうに使われるが、これは「ほどほどにしておきなさい」という意味のほかに、「調子に乗りすぎないように」という戒めの意味も込められている。

漢字で「難儀」と書く「**なんぎ**」も一般的だ。「困ったこと」「面倒なこと」という意味で、「なんぎなことになったなぁ」「なんぎなやっちゃなぁ」などと言う。

さらに、若い世代の関西人が多用する特徴的なことばが「**しょうみ**」、漢字で「正味」だ。関東では「ぶっちゃけ、余裕っしょ」「正直、無理でしょ」というところが、「しょうみ、余裕やろ」「しょうみ無理やで」となる。

「正味」には「実質」や「掛け値無し」といった意味があり、もともと商人が用いることばだった。それが商人以外にも広がったと考えられる。

もちろん、若者世代以外の関西人も使い、「あそこの家、宝くじ当てたらしいで。しょうみな話」と言えば、「宝くじ当てたらしいで。知らんけど」より確信の持てる話ということになる。つまり、「しょうみ」には「本当」という意味も込められているのだ。

ことばは生き物だから、時代によって変化する。それでも、関西では頑(かたく)なに残され、今も現役の古語がある。かつて日本の中心だったことや、コミュニティが狭いというのも原因の一つだろう。

かたす、しゃしゃる、おめざ…関西では通じない東京弁

「東京って日本の首都だし、話していることばも標準語だから、全国どこでも通じるんじゃない？」

そんなふうに思っている東京人もいるだろう。だが、東京人が理解できない関西弁があるように、関西人にはなじみのない東京弁も存在するのだ。

まずは「**かたす**」。「片づける」という意味だが、関西ではまず聞かれないし、使

われることもない。「かたす？　クリニック？」「それは高須や！」とボケとツッコミをかまされてしまうだろう。

「**しゃしゃる**」ということばも理解できない。「関係ないからしゃしゃるな」と言われたら、「しゃしゃる？　しゃしゃり出ること？」と聞き返されるだろう。「**しゃっこい**」は「冷やっこい」で、「**おっこった**」は「落ちた」だとなんとなくわかるが、関西人は聞きなじみがない。

名詞でいえば「**こけ**」「**こけら**」もなじみがない。これは魚のウロコのことをいい、昔はウロコを取る道具を「こけ引き」といった。だが、関西人は「こけら落とし」の「こけらだ」と思ってしまう。

ちなみに「こけら落とし」とは、新築の劇場で初めて行われる公演のことで、「こけら」は木くずのこと。屋根の木くずを落として劇場が完成することから、初公演を「こけら落とし」というようになったのだ。

朝に食べるお菓子を「**おめざ**」というが、大阪や神戸では理解できない人がいる。ただし、これはもともと京ことばだ。宮中の女官が使っていたもので、天皇が東京に住むようになってから風習とことばも伝わったとされる。

意味はわかるが、違和感のあることばの一つが、強調の「お」だ。「**おっぱじめ**

る」のようにことばの最初に付けられるが、関西人はこれを丁寧語の「お」と勘違いしてしまう。

ただ、江戸弁から受け継がれている東京弁は、東京の人も使わなくなっている。ここに挙げた東京弁を「そんなの使わないよ」と感じる人もいるだろう。「じゃあ、もう東京に方言はないってことでいいんじゃね？」という意見はごもっともだが、「関西人に標準語を求めるのなら、東京人もきちんとした標準語を話すべき」という意見もあるのだ。

関西人も関東人も区別しにくい「標準語」と「関東弁」

関東出身の人間が聞いて、違和感を覚えることばの例として「関東弁」があるという。標準語を話しているつもりでも、「関東弁じゃない？」と言われると「これは標準語だし、訛ってないから」という感想を抱くようだ。

「弁」には「ことば」という意味から派生した「方言」という意味がある。関東人からすれば「なぜ方言であるかのように言われるの？」という感覚らしい。

もちろん、標準語とは別に「関東弁」というのも存在する。筆頭が「じゃん」であり、関西人からすると「ぜったい標準語とちゃう!」となる。また「〜しようぜ」などと使われる「ぜ」は東京弁、関東弁といわれるものの一つであり、関西では「や」か「で」である。

東京、神奈川、千葉、埼玉、茨城、栃木、群馬の1都6県を関東地方というが、各地にも方言がある。茨城、栃木、群馬など東北地方に近い県では「〜だろう」を表す「だっぺ」「だべ」が用いられるなど、東北弁の影響を受けていることが多い。

また、イントネーションの一部に地方性が出ることもある。埼玉県秩父(ちちぶ)市・横瀬町(よこぜまち)のあたりでは「〜なんだよな」を「〜なんだい(イとヨの中間くらいの音)な」という話し方がよく聞かれる。

ただ、近年の若い世代は全体的に、地方の方言をあまり使わない。その理由としては、インターネットの普及と進学などに伴い、標準語環境に身を置く

機会が増えたことが大きいだろう。SNSなどでは標準語が使われることが多いし、標準語環境においては「みんなと同じことばを話したい」という意識が強く生まれるのではないかと考えられる。

関東人こそ、標準語と関東弁の違いを意識し、ルーツなどに思いを馳せてみるのも面白いのではないだろうか。そして関西人は、「関東だから、みんな標準語」という意識は持たないほうがいいかもしれない。

3

標準語に訳せない関西弁独特の表現

「よう言わんわ」とは、つまり〝返すことばがない〟ってこと？

文脈によっては反対の意味を持つ「ぼちぼち」

「もうかりまっか」はもはや関西で使われないが、「ぼちぼちでんな」の「ぼちぼち」は、関東の人が思う以上に使われている。挨拶ことばの「ぼちぼち」には触れた(43〜44ページ参照)が、このことばは、それ以外に多様な使われ方をする。「そない急げへんし、ぼちぼちしよか」という表現の「**ぼちぼち**」は「ゆっくり」の意味。ただ、「ぼちぼちでええで」となると「ゆっくりしてもいい」のほか、「時間をかけて丁寧にしてほしい」という意味も込められている。

時間をかけたにもかかわらず品質が悪ければ、「ぼちぼちでええて言うたけど、こんなんやったら、ちゃっちゃとしてもうたほうがよかったわ」と、イヤミの一つも言われてしまうだろう。

去るときには、「ほな、ぼちぼちいの(帰ろ)か」と言うことがある。この「ぼちぼち」も「ゆっくりと帰ろうか」という意味もあるが、「そろそろ」という意味もある。「ぼちぼちといぬ」と「と」が入れば速度を示すが、「ぼちぼちいぬ」と「と」がないときは頃合いの時間を表しているといえよう。

この「そろそろ」の意味で使われる場合、「ちょっと本気出さなあかんな。ぼちぼちやろか」というふうに、「ここで一発気合を入れよう」「そろそろ本気を出そう」という意味になることもある。こうなると、「ゆっくり」どころか「もう、ゆっくりしてたらあかんで」という逆の意味だ。言い方はやさしいが、発破をかけている状態なのだ。

実は「ぼちぼち」は関西弁ではなく、標準語としても使われている。辞書にも「ゆっくりと物事にとりかかるさま。また、ある事態に近づくさま。そろそろ」と記述しているものもある。だが、辞書の編集者には悪いが、これだけではなかなかニュアンスが捉えきれない。

そもそもは標準語だったにせよ、関西弁としては「ゆっくり」だったり、「そろそろ」だったり、「そろそろ」であっても「頃合い」と「性急」の二つの意

味を持つ。

そのため関東の人は、これらの違いがわかりづらいかもしれない。仕事などで「ぼちぼちゃっとこうや！」と強い口調で言われて、「まだ、のんびりしていていいんだな」と早合点しないように。

「ちゃう＝違う」だけではない用法があるって?!

関西に行ったとき、「こちらでは、『違う』を『ちゃう』って言うんですよね」とたずねると、「そうや、これ意味わかるか？」と前置きをして、必ずといっていいほど返ってくることばがある。

「あれ、ちゃうちゃうとちゃう？」

「ちゃうわぁ、ちゃうちゃうとちゃうで」

「ちゃうちゃう、ちゃうちゃうちゃうやで」

すべてひらがなで書くといかにもややこしいが、カタカナで書いて注釈を入れると、「あれ、チャウチャウ（犬）とちゃう（違う）？」「ちゃう（違う）わぁ、チャウチャウ（犬）とちゃう（違う）で」「ちゃうちゃう（違う違う）、チャウチャウ（犬）

やで」となる。

このことから、「**ちゃう**」は「違う」の関西弁だということがわかる。ならば、「違う＝ちゃう」かというと、そう簡単な話でもない。

「ちゃう」は「〜ではない」の意味でも使われ、たとえば不案内な場所で道をたずねられたとき、「ここ右に曲がったら、目的の場所に着くんとちゃいますやろか（ここを右に曲がれば、目的の場所に着くのではないでしょうか）」と答える。

また、関東でも「あれ、芸能人の○○と違う？」と言うことはあるが、多くは「○○じゃない？」と言うだろう。ところが関西では「○○とちゃう？」が大多数だ。

最近よく耳にする「じゃないほうの○○」は「ちゃうほうの○○」。しかし、「私って、○○じゃないですかぁ」を「ウチって、○○ちゃうやんかぁ」とは言わないし、関西人は関東人のこのことば遣いを毛嫌いする（57ページ参照）。

特徴的なのは、発言の冒頭に「ちゃう」を置いて、とりあえず否定するという用法だ。

「あんた、昨日、Aくんと仲良さそうに歩いてたんちゃうん？」と勘繰（かんぐ）られたとき、「ちゃうねん、ちゃうねん、歩いてたんはホンマやけど、ちゃうねんて」と、何が違うのかを明確にしないまま否定し続ける。

そこで、「何がちゃうのん?」と聞かれても、はっきり理由が説明できないときは「ちゃうねん、ちゃうねん、とにかくちゃうねん」と相手が根負けするまで、ひたすら否定を繰り返す。

チャウチャウの例とはまた趣は異なるが、「ちゃう」のオンパレードではある。

「よう言わんわ」とはつまり、〝返すことばがない〟ってこと?

「うちの彼氏、ディカプリオみたいやろ!」

「はあ? よう言わんわ」

このように、関西弁で「**よう言わんわ**」は、「開いた口がふさがらない」「呆れて物が言えない状態」を指す。「じゃあ、何も言わなきゃいいじゃないか」と関東の人は思うだろうが、それでもことばにしてしまうのが大阪人。ボケに対して必ずツッコまなければ気がすまない習性があるため、言い返せない場合も「よう言わんわ」と、会話のボールを返すのである。

呆れた場合だけではない。あまりに面白くて返すことばが見つからないときも「よう言わんわ」と返したりもする。つまり「物が言えない」シーンすべてにおいて、句読点的な意味合いで使うのだ。意味合いは「どうしろって言うの」「参りました」「あきらめました」「負けました」など、会話に応じて変化していく。

ただ、ここで会話が終了するわけではない。標準語の「何も言えない」とは違い、ニュアンス的に継続が見込まれる。「よう言わんわ」はあくまでも小休止。このワードで時間を稼ぎ、次の一手である「ツッコミ」を考えているのである。

非常に特徴的な「よう言わんわ」だが、意外と全国で知られているのは、大阪育ちのブギの女王、笠置シヅ子が歌った『買い物ブギ』の大ヒットによるものだろう。この歌は多くの歌手に歌い継がれ、近年もKinki-kidsがカバーするなど、若者層にも認知度が高い。

歌詞の締めに「わて、ほんまに、よう言わんわ」というフレーズが入るのだが、あまりにも曲が難しいので、笠置が作詞作曲を担当した服部良一に「先生、ウチこんな歌詞、よう言わんわ」とこぼしたことから、服部が歌詞に付け足したという逸話が残っている。

「よう言わんわ」を、その「小休止」のニュアンスも含めて関東風に言い換えるとしたら「よく言うわよ！」と、なるだろう。

ボケ・ツッコミの文化を持つ大阪は「どんなことばも、面白く返さなければならない」という強いプライドがあるため、「開いた口がふさがらない」など返せなかった自分の立場で言う。しかし、関東圏は訳のわからないことを言った相手に対し「よく言うわよ！」と指摘する。

歌謡曲『三年目の浮気』でも、浮気を大目に見ろという自分勝手なパートナーに対し「よく言うわ」と返している。歌の舞台がもし大阪なら、「よう言わんわ」となったに違いない。

「シュッとしてる」の正しい使い方は？

関西人がよく使う定番の褒めことばが「シュッとしてる」だ。主に、見た目がカッコいい、もしくはあか抜けている人を表現するときに多用されている。

イメージとしては「スタイリッシュ」「スマート」「清潔感がある」「背が高い」。語源や由来は不明だが、スタイリッシュの「シュ」が入っていたり、「すらっとしている」の「すらっ」と響きが似ていたりするので、言われたらすぐに想像できるインパクトがある。

この「シュッとしてる」は認知度が高まり、全国区にも広がっている。だが、関西人からすれば、明らかに誤った使い方をしている場合が多い。本来、「シュッとしてる」は男性にしか用いないのだ。

つまり、スタイリッシュな女性に「お姉ちゃん、シュッとしてるなぁ」とは言わない。大阪市営地下鉄が民営化されたとき、CMで大阪のウェイターが東京から来た女性に対し、「シュッとしてる」と褒めるシーンがあった。制作したのは東京の会社だったに違いない。

そして、関西圏以外ではあまり知られていないが、「シュッとしてる」には反対語もある。「**もっちゃりしてる**」である。

たとえば、頑張っておしゃれしても、どこかあか抜けないタレントは「なんか、もっちゃりしてんなあ」と言われることがある。この「もっちゃり」も「シュッとしてる」と同様、ダイレクトに雰囲気が伝

わってくることばだ。整えていない荷物を持たされているような、重たい雰囲気がよく出ている。

語源ははっきりわかってはいないが、尾張(おわり)(今の愛知県西部)地方の「もっさい」という方言が由来という説がある。意味は「もさっとしている」「気がきかないさま」「あか抜けしないさま」など。京都弁にも、同じ意味の「もっさり」というワードがある。これが人づてに伝わるうちに、「もっちゃり」になっていったというわけだ。

この「もっちゃり」を共通語に言い換えれば、「ダサい」「イケてない」となるだろう。ただ、「もっちゃり」には、愛嬌(あいきょう)が感じられる。決してスマートではないけれど、情がぽってりと乗っているイメージだ。そもそも関西弁は擬態を感じる絶妙な表現が多く、この「もっちゃり」も間違いなくその一つだろう。

「ネズミしばく」は〝ネズミを叩く〟と訳すのか?

ちょっと古いが、2000年代初頭、ある女性のニュースが世間を騒がせたことがあった。「引っ越し!　引っ越し!　さっさと引っ越し!　しばくぞ!」と大声を上げる騒音おばさんである。

当時大きく取り沙汰(ざた)されたことや、ネットの世界で時折話題となることから、ご存じの方も多いだろう。この場合の「しばく」というのは「叩く」「暴行に及ぶ」という意味で、関東人が「しばく」ということばを聞いて想像するのは、この使われ方である。

しかし、関西では「しばく」を別の意味で使うことがある。「昨日、奮発してウナギしばいたったわ」といった具合だ。これを聞くと「え、この人高いお金払ってウナギに暴行したの？ どういうこと？」と思うかもしれないが、そうではない。

この場合の「しばく」は「飲食をしに行く」という意味。これは食べ物だけでなく飲み物にも用いられ、「茶をしばく」「酒をしばく」と言えば「お茶を飲みに行く」「お酒を飲みに行く」という意味になる。

飲食に用いられる「しばく」は1990年代前後から使われはじめたとされ、「〜へ行く」という関西で使われていた若者のスラングから来ているとの説がある。いわゆるヤンキーたちが仲間を誘うとき、「サ店、行けへん？」「何しに？」「茶、飲みに行くに決まってるやんけ」が、強がった表現で「茶、しばきに行く」となり、やがて「しばく」だけで「行く」を意味するようになったと考えられる。

また、「おい、行くで」と凄(すご)めば、たいていの場合、他校や敵対組織へのカチコミだ。カチコミは相手を「しばき」に行くこと。ここから、「行く＝しばく」に変化したとも推測できる。驚くことに、「ネズミしばく」で「ディズニーランドへ行く」という用例もあったらしい。

飲食つながりでは「**遠慮のかたまり**」という関西弁がある。これは複数人で食事に行った際に、大皿に残された最後の一つを表すことばだ。最後の一つを食べるのは気が引けてしまい、大皿に唐揚げや餃子などがポツンと残されているのはなんとなくもの悲しい。言い得て妙な表現である。

付き合うと疲れる人は、「えらい人」か「しんどい人」か

「疲れる」を表現することばは、北海道や北関東の「こわい」、埼玉県の「かったりい」、熊本県の「なえた」など全国にあまたある。標準語でも「疲れる」のほかに「くたびれる」があり、関西では「**えらい**」や「**しんどい**」が一般的だ。

「えらい」については別の項目（23ページ参照）で取り上げたが、「ああ、えら」というのと、「ああ、しんど」というのは多少ニュアンスが異なる。

同じ「疲れる」の意味を持つことばであっても、「しんどい」は体調がすぐれな

いときに多く用いられ、「今日、熱出てしんどい」や「顔色悪いで、しんどいの？」というふうに使う。また、肉体的なものだけでなく、精神的な疲労をも表す。

そもそも「しんどい」は、名詞の「しんど」もしくは「しんどう」を形容詞化したものとされ、「しんど」の語源は「辛労」または「心労」という説もある。

そのため、体は元気だが、どうしても気力が出ないときには「ああ、しんど」と、ため息と同じレベルでこのことばが出てくるのだ。そして、「しんど」と言うことでよけいに疲れが増すという、負のサイクルに陥ってしまうこともあり得るが。

さらに、シーンによっては人の性格や組織の態度などでも使われる。「しんどい人」は「付き合っていて疲れる人」、「しんどい会社」は注文が多かったり、支払いが悪かったりする「取引をしていて面倒な企業」を指す。

さらにその対象はモノにまで及び、お金を使いすぎた場合「財布がしんどい」という使い方をする場合もある。身のまわりのすべてのものに感情を入れ込む関西らしい例である。

ただ最近では、この「しんどい」の使われ方に変化が出てきた。深くキャラクターを愛するオタクたちの世界では、本来の意味とは逆の意味でことばを使うことがある。そこで、関西弁の「しんどい」に「疲れる」という意味は維持しつつ、「好きすぎて疲れる」というポジティブな意味を加えだしているのだ。
「幸せすぎてしんどい」「推し（ているキャラクター）が尊すぎてしんどい」などの文脈で盛り上がっていることもある。確かに人を愛するのは「しんどい」ことでもあるのだが。

「邪魔くさい」は〝とても邪魔〟という意味ではない！

かつて吉本新喜劇に所属していたチャーリー浜（2021年逝去）は、「ごめんください」の代わりに「ごめんくさい」と言って笑いを取っていた。ただ、これはあくまでもギャグであり、関西人が「ごめんくさい」と言うことはない。

言うことはないのだけれど、関西人はことばの最後に「**くさい**」を付けることが多い。もちろん、本当に臭うわけではないのだが、関東人が聞けば、「なぜ、わざわざ？」と思ってしまうかもしれない。

ざっと例を挙げてみよう。まずは「面倒」。「なんやこれ。これ、今日中に片付けやなあかんのか。**面倒くさい**のぉ」というが、これは共通語でもおなじみだ。そして「面倒くさい」に似たことばが「邪魔くさい」だ。

この場合の邪魔は、「通路に大きな荷物が置かれて邪魔になる」の邪魔ではなく、「手間がかかる」の意味。「いちいち歩いて運ばなあかんのんか。クルマやったらじき（すぐ）やのに。**邪魔くさいのぉ**」というふうに使う。

先の「面倒くさい」は「面倒や」の強調だが「邪魔くさい」のほうは「邪魔や」の強調ではなく、「手間がかかる」という別の表現になっているところが面白い。

また「くさい」で、推測を表現することばもある。「**ウソくさい**」である。「その話、なんとなくウソくさい」と言えば、「ウソのようだ」の意味だ。

この「くさい」は、本来の嗅覚(きゅうかく)に訴える「におい」に似ている。「目にははっきりと見えないが、なんとなくにおってくる」という感覚を「はっきりとはわからないが、なんとなく怪しい」という表現にした

と考えられ、標準語の「胡散くさい」に似ている。

「面倒くさい」と同じ強調だが、推定も含まれるのが「**アホくさい**」だ。「アホなこと言うな」を「アホくさいこと言うな」というのは強調だが、「アホくさい話」となると「ばかげた話」と「信じられない話」の二つの捉え方がある。

「信じられない」のほうは「ウソくさい」と似通っているが、「ウソ」が詐欺などで騙されそうな話であるのに比べて、「アホ」はまともには受け取れない話というニュアンスが含まれているのだ。なお「アホくさい」は、あきれてしまったときの感嘆詞的にも用いられる。

そのときは「**アホくさ**」と縮められ、「ほなら、今までうちはアンタに騙されてたん？　あぁ、アホくさ」などと言う。関西の「くさい」は、まさに多様なのだ。

「こそばい」には〝くすぐったい〟以外の訳し方がある！

標準語の「くすぐったい」は、くすぐられたときの感触を言語化したものだ。したがって「くすぐられて、くすぐったい」という、同じようなことばの並ぶ文章が成り立つ。もちろん、関東の人は何の違和感も持たないだろう。

だが、関西人なら語呂の悪さを感じてしまう。「くすぐられて、くすぐったいやなんて、当たり前やん」といったところか。

では、関西では同じ意味を何と表現するか。正解は「くすぐられて、**こそばい**」もしくは「**こちょばい**」「**こしょばい**」。

この「こそばい」系は関西圏だけでなく、愛知や岐阜などの東海地方や、北陸、中国、四国、九州など、西日本全域で聞かれることばだ。ちなみに東北では「もちょこい」や「こちょかい」などと言われる。

そもそも「こそばい」は「こそばゆい」という古語が語源で、それが「こそばい」や「こしょばい」となり、くすぐる動作を擬音化した「こちょこちょ」から「こちょばい」とも言われるようになったとも考えられる。

さらに、「くすぐったい」も「こそばゆい」から派生した「こちょぐったい」が訛ったものという説もある。江戸時代には、江戸でも「こそばい」と「くすぐったい」の両方が使われていたようだ。

やがて、江戸を中心とした関東圏では「くすぐったい」が主流となる。ここで興味深いのは、「こそばい」系の方言は全国で100近く見られるが、「くすぐったい」系は数例しかないということだ。つまり、「くすぐったい」は標準語として一般化しているが、全国的に見れば少数派ということだ。

また、「こそばい」は、身体の感覚だけでなく「照れてしまう」という表現にも使われることがある。お世辞を言われたとき、関東圏では「なんだかくすぐったいな」と言うのと同じで、「そんなこそばいこと言わんといて」と返したりする。非常に愛嬌のある表現だ。

そもそも、くすぐったさの要因は「予期せぬ刺激」。親密な相手に、想定外の刺激を受けたときの驚きが「笑い」となって出てしまう。

特に大阪では、まずは自分を落として周りを上げるという自虐文化があり、人からストレートに褒められるのに慣れていない。けれど嬉しい。これを表現するのに、「なんや、こそばいからやめて！」というセリフは非常に便利なのである。

「いけず」に隠された女性の微妙な心理とは

「あの人いけずやから」「いけずしたらあかんで」など、関西ではよく耳にする「**いけず**」。このことばは関東では「意地悪」を意味し、わざと人を困らせたり、冷たい仕打ちをしたりするさまや、そういった言動を取る人を表す。

「いけず」の語源は諸説あるが、中でも有力なのが「池之端の芋茎」に由来するという説だ。

ここでいう芋茎とは里芋の葉柄のこと。里芋は非常に多くの栄養を必要する植物で、池に植えると養分や水分を独り占めして成長していくという。そうやって周囲の植物の栄養分までを貪欲に奪っていく様子から、他人への配慮が見られない人間を「池之端の芋茎」と呼び、これが「いけず」に縮まったとされる。また、性根の悪い女性を指して「あれでは嫁に行けない、行けず者だ、行けずだ」と呼んだのが始まりとも伝わる。

このように、「いけず」が「意地悪」の同義語であることに間違いはないが、関西では用いられ方やそのニュアンスが若干異なる。

まず「いけず」は女性が使う頻度が高く、男性はあまり用いない。言ったとしても、女性を対象にする場合がほとんどで、男性が男性に使うケースはめったにないようだ。

また「いけず」は意地悪よりも、幾分か柔らかい意味で使われることが多い。関西の女性は、人からからかわれたり悪ふざけを受けたりした際に「○○さん、いけずやわ」などと言うことがあるが、そこには相手を徹底して嫌悪するといったニュアンスは乏(とぼ)しく「意地悪を言うけど、憎めない」「腹は立つけど嫌いになれない」といった意味合いが隠されている。

また、女性が男性に対して「いけず」を用いる際には、好意が示唆(しさ)されている場合もある。相手のことが好きで何かとアピールしているのに、当の男性は全く振り向いてくれない。そんなときに、女性は「いけずな人……」と言ったりするのだ。

また、「なあ、今日、家に泊まっていけへん」と男性がたずね、女性が「ええ、どうしょう……?」と迷ったとき、男性が「ごめん、急に誘て悪かった」とすぐに諦めるようなときにも、女性は「もう、いけずやなぁ」と言うことがある。これは、「もっと強引に誘てくれたらええのに」という思いからくることばだ。

だが、そこは注意が必要だ。確かに親しみが込められていることもあるが、それはケースバイケース。非難の気持ちが１００％という場合もある。

本当は「あなたの言動に迷惑している」と伝えたいが、カドを立てたくないので遠回しに「いけず」を使うことがあるのだ。見極め方は女性の仕草とことばのイントネーション。はにかみながらささやく「もう……、いけず」は脈ありで、はっきりと告げる「この、いけず！」は迷惑を示している。

「いけず」は人間の、とりわけ女性の微妙な心の動きを表現できるワードではあるが、本来の意味はあくまで「意地悪」であることを忘れずに。

「えらいやつして」を、あなたは正しく訳せるか

標準語には直せない関西弁は、ほかにもある。その一つが「やつ」だ。ただし、「あんなヤツ」や「ヤツのせいで」の「ヤツ」ではない。

たとえば、普段はジーパンにTシャツという格好の人が、スーツを着て歩いていたとする。その姿を見て、関東の人なら「あら、いい服を着てどこへ行くの?」や「オシャレして、どうしたの?」とたずねるだろう。同じシーンで関西人は、「えらい、やつしてどこ行くねん」と聞く。

つまり「やつ」とは、「いい格好」や「パリッとした服装」という意味になる。ただし、似合っているかどうかは別。関東人の「オシャレ」や「いい服」にマイナスの要素は含まれていないが、「やつ」はイヤミで言う場合もある。「あいつ、えらいやつしてからに」は、「似合いもしない服を着てカッコをつけてる」という意味もあるのだ。

もちろん肯定する場合にも使うので、「自分、えらいやつして、どうしたん?」と

聞かれても、イヤミを言われているとだけ判断してはいけない。「ステキな格好をして」と、褒められていることも多いからだ。判断の基準は、普段からの人間関係と声のトーンだろう。

京都の人ならいざ知らず、それ以外の関西人は比較的正直だ。特に大阪人は、包み隠さずズケズケ言う。似合わない格好をしていると、「やつしてるつもりか知らんけど、顔に合うてないで」と忠告する。声も、褒めるときは高く、イヤミのときは低く、さらに表情にも出てしまう。陰口であれば、なおさらだ。

それでも、褒められているのか、イヤミで言われているかがわからず、不安なときは素直に聞いてみるのがいい。

「えらいやつして」

「そう？　似合ってる？」

「ううん、似おてない」

こんなふうに、ストレートな答えが返ってくるだろう。

ちなみに、常にオシャレな人のことを「**やつし**」という。ただし、「やつし」には嘲(あざけ)りの意味合いが込められていて、「ブランドもんのべべばっかし着て、あいつやつしやのぉ」は、似合いもしないのに高価な服ばかりを着ている人にいう。

なお、「べべ」は服のこと。「赤いべべ着た かわいい金魚～」という童謡(『金魚のひるね』)にあるように、れっきとした標準語の幼児語で、幼児は赤い着物が多かったことから、「紅紅」が訛(なま)って「べべ」になった。

関東ではあまり使われなくなったが、関西では今でも、子どもの着物だけでなく大人の服装でも用いられる。

「にくそい」は、服装の否定にとどまらないマイナス表現

「やつ」が基本的には「かっこいい服装」「オシャレな衣装」を指すのに対し、反対の意味を表すのが「**にくそい**」である。もともとは「似合わない」だけを意味していたようだが、バランスが悪かったり、コーディネートを間違っていたりしても、

「にくそい格好して」と言われてしまう。

ただ、関東人が「にくそい」と言われて理解できない用法もある。それは、服装以外でも「にくそい」が使われるからだ。

「この前、キャバクラ行ったら、にくそいおばはん出てきてな」と言えば、「美人ではなかった」という意味だ。つまり、服装ではなく容姿に対しても使う。また、「きれいやけどにくそい」という場合もある。これは、「気や話が合わない」「人柄が悪い」という表現だ。

したがって、もしも関西人に「お前、にくそいやっちゃなぁ」と言われれば、それは人格を否定されたと思って間違いない。この場合の「にくそい」は、気に入らない「性格」や「行動」の意味で、「にくそいことすんな！」は、「(オレの)気に入らない行動を取るな！」の意味となる。

したがって、関東人が関西人から「あいつ、にくそいと思えへん?」と聞かれても、「にくそい」のが服装なのか人格なのかがわかりづらい。「あいつ、にくそいさかい、いてもたろと思てんねん(やっつけてやろうと思っているんだ)」とまで告げられると、「ああ、この人はあの人が気に入らないんだな」と理解できる。

ただ、「にくそい表現」には、程度の度合いというものが存在する。

「なあ、今度デートしてくれへん?」

「あかん、彼氏に怒られる」

「ええ、にくそいこと言いなや」

　この場合は「気に入らない」の意味ではあるが、まだ余裕が感じられる。「そんなにくそいこと言わんと、黙っといたらわかれへんやん」と続けることも可能だ。それでも頑(かたく)なに拒否され続けると、「何やねん! お前、にっくそい女やの!」となる。これは明らかな罵倒(ばとう)である。

　とにかく「にくそい」はマイナスの表現だ。うかつに使わないほうがいいだろう。

〝行ってきなさい〟〝やってしまえ〟とは訳さない「いてまえ」

　関東の人に「近鉄バファローズを知っていますか?」と聞けば、どれくらいの人が「知っている」と答えるのだろう。

　詳しい人なら「4回も日本シリーズに出場したにもかかわらず一度も優勝していない球団」「野茂英雄(のもひでお)が所属していた球団」「今のオリックスバファローズの前身」などと続けるかもしれない。そんな近鉄バファローズの打撃の愛称だったのが「いてまえ打線」である。

ただ、この「**いてまえ**」は関東の人にニュアンスが伝わりにくい。「いてまえ」だから「行ってきなさい」と理解していた人もいたかもしれないが、「打線が行ってしまう?」と疑問に感じてしまう。標準語では「やってしまえ」に近いかもしれないが、関西人にするとそれでは違和感がある。

確かに、「いてまえ」もしくは「いてまう」は「あいつ腹立つからいてまおか」とか、「来(こ)るんやったら来んかぇ! 逆にいてもたらぁ!」というふうに、暴力的な意味合いで使われることが多い。同じような意味のワードとしては、「**しばく**」や「**いわす**」があり、「あのガキ、しばく」「あいつら、いわしてもたる」などと使う。

「しばく」「いわす」は「ぶちのめす」「ボコボコにする」に近い具体的な行動表現なので、された側の状態をイメージしやすい。だが、「いてまう」は、どのような状態まで「やってしまう」のかが判別しにくい。つまり、相手が戦闘不能になるまでの状況か、気を失うほどのダメージを与えるのか、謝罪を受ければOKなのかがわからない。

意気揚々(いきようよう)と帰ってきた男に対し、「どうやった?」と聞いて「おう、いてもうたったわ」では、こちらに有利な形で和解した場合も当てはまりかねない。その場合は

「やってしまう」よりも「行ってきた」に近いのかもしれない。もちろん、「しばく」「いわす」と同じ状態にまで「いてもた」こともあり得るが。

このように、「いてまえ」は婉曲(えんきょく)的な表現だといえなくもない。また、迷ったときに自身を鼓舞(こぶ)するのにも「いてまえ」は使われる。「ああ、どっちにしたらエエんやろ……。ええい、いてまえ！」というふうに、だ。これも「やってしまえ」とはニュアンスが異なる。

関東でも「しばく」は案外知られているが、「いわす」や「いてまう」は、そうでもない。ただ、これらは感情がたかぶっているときの表現なので、言われたら注意するに越したことはない。

イライラしてばかりいる「いらち」、頑固な「へんこ」

関東、関西を問わず、どこにでも短気な人はいる。「君、短気だねぇ」と軽く言われて、「誰が短気なんだよ！」と激高(げっこう)してしまうタイプもいるだろう。そこまで極端ではなくても、ちょっとしたことで怒りだす人を関西では「**いらち**」という。

「いらち」の「いら」は「イライラ」や「イラッとする」の「イラ」。つまり「いらち」とは、常にイライラしている、もしくは、気に入らないことがあるとすぐに「イラッとする」人のことだ。

ただ「怒ったあと、何事もなかったかのように穏やかになる人」を「いらち」とは呼ばない。「いらち」は後を引くし、どんなときでも機嫌の悪い厄介な性格なのである。

たとえば、会議の席で激論が起きたとしよう。若手社員がこめかみに青筋を立てて、会社の執行部に食ってかかる。そんな若手を見て、直属の上司が気を使ってなだめる。

「まあ、まあ、ちょっとは落ち着きぃな」

「僕は落ち着いてますよ！」

「ぜんぜん落ち着いてないやないか。ほんま、自分、いらちやなぁ。前の会議でもほえとったやないか」

こんなふうに使われる。なお、「ほえる」は動物の「吠える」に似ているが、「咆哮」とは違い、大声で言い放つこと。「おがる」ともいう。「ほえる」に似た「ほたえる」は、「暴れる」「騒ぐ」という意味だ。

「いらち」同様に厄介な性格とされるのが、「**へんこ**」である。この「へん」は「偏屈」の「偏」。「頑固者」という意味だ。また、「へん」は「変」にも近く、「あいつ、いっぺん言うたら、絶対後に引かへんし人の言うこと聞かへん。へんこやなぁ」などと使い、「頑固」と同時に「変なやつ」という意味も含まれる。

「へんこ」は常にイライラしているわけではない。「いらち」にも素直な人はいる。面倒なのは「いらち」の「へんこ」。いわば「短気な頑固者」で、近寄らないほうが無難ではある。

「いちびり」は、エスカレートすると嫌われる

お調子者のことを関東では「ひょうきん者」と表現するが、あまりネガティブな印象はない。「周囲を明るくし、楽しませてくれる人」といったイメージだろうか。

だが、関西でお調子者に近い意味の「**いちびり**」は、ふざけすぎてひんしゅくを買ってしまうタイプの人を指し、そこになごやかな雰囲気は存在しない。

「いちびり」の語源は「市振り」であり、動詞形は「いちびる」。もともとは魚市場である「雑喉場(ざこば)」のせりで「さあ、なんぼ、なんぼ!」とやかましく騒ぎ立てる人から来たことばだとする。ただ、「市振り」はせり市を取り仕切る決定権を持った人

でもあり、そこから「リーダーシップを取ること」の意味もある。

つまり悪い意味ばかりではなく、「なりふり構わず目的を果たそうとする」というニュアンスもあった。そのため、人の目を気にせず我が道を突き進む人や、趣味を追求する人などへの賞賛の意味を込めて言われることもあるという。

この「我が道を突き進む」が、大阪の場合では「お笑い」に特化してしまう。どんな真剣な場でも、いや真剣な場だからこそ、大阪人は一発ギャグなどで笑いを取ろうとするタイプも多い。

小学校などでは、先生の話や教科書の内容にツッコんで怒られるような「いちびり坊主」がどのクラスにも必ず1人はいるが、案外そういう子は人気者だったりもする。

大阪人は、何事も失敗なくスマートに進めるタイ

プより、少し度がすぎるくらいサービス精神が旺盛な人を応援する感性を持っている。関東と関西では「調子に乗る」のラインがそもそもかなり違うのだ。そういった意味では、関東から見れば、関西人はみんな多かれ少なかれ「いちびり」かもしれない。

とはいえ、場を選ばずにボケやツッコミを優先する者を苦手とする人は、関西でも少なからずいる。

そして、笑いが必要のない場も当然存在するから、空気を読めずに調子に乗ると、「お前、今、真剣な話してんやさかい、いちびんな！」と叱られてしまう。

また、笑いをともなわない「いちびり」もある。それは、その人自身は大したことがないのに、強いバックなどがあっていきがっているような人だ。初めはちやほやされていても、度がすぎると怖いお兄さんに凄まれる。そのときのセリフは、「兄ちゃん、あんまりいちびってたら、痛い目にあうで」である。

アホ、ふてこい、しらこい…は100％の悪口ではない

「関西人は、アホよりも、バカと言われるほうが傷つく」。そんな話を聞いたことは

ないだろうか。

関西において「アホ」はただの悪口というわけでなく、「親しみやすい」や「好感、仲間意識を持っている」というニュアンスを含んでいることがある。吉本のベテラン芸人・坂田利夫が「アホの坂田」という愛称で人気を博したように、関西では欠点や至らぬ点というのは人間らしい、可愛らしいものでもあるのだ。

言語学の権威である立命館大学の山中司教授も、著書『自分を肯定して生きる』の中で「関西には、一見デメリットでコンプレックスになってしまう点を笑いに昇華させ、肯定的に捉える文化がある」と述べている。ただし、坂田利夫の漫才コンビ「コメディNo.1」が絶頂期のとき、関西じゅうの坂田君のあだ名が「アホ」になったというエピソードも残されてはいるが。

同様に、図々しさやふてぶてしさを表す「ふてこい」という方言がある。「お前、疲れてふてこい顔しとるな」や、「今日ペットショップ行ったら、そこの犬がふてこくて可愛かった」といった使い方をされる。これらの用例からもわかるように、否定的なニュアンスが100%、というわけではない。

関東でいうところの「不貞腐れて可愛げがない」状態とは微妙に異なるのだ。ただし「ふてこい」は、京都から大阪中心部で使われ、神戸や奈良、和歌山や大阪南部では聞かれない。

しらじらしさを表す「**しらこい**」や、弱さを表す「**やにこい**」も同様に肯定的な意味合いをはらんでいる。「こいつ、ホンマしらこい顔しよって」「この子、やにこいから大事にしたってな」も「こいつ、本当にしらじらしい表情して」「この子は、傷つきやすいから大事にしてあげてね」といった具合である。

しかし、本気で怒って使用している場合もあるため、注意が必要だ。

先の「しらこい顔しよって」を例に挙げると、友達が笑えるイタズラをした場合は「ほんましらこい顔しよって～」と柔らかい言い方になる。一方、許されない重大なミスをして白ばっくれている場合などは、「ホンッマ、しらこい顔しよって！」という具合になるため、あくまで表情やシチュエーションで判断したい。

ほな、わや、さら…短縮しすぎなこれらの語を、どう訳す？

親しい間柄で別れの挨拶は「じゃあ」が一般的だ。これが関西では「ほな」となる。「じゃあ」は「ゃ」の入る3文字だが2音であり、「**ほな**」はもちろん2文字2音だ。したがって、あまり差はない。

だが関西弁には、2文字や2音で長い標準語を表すことばが多い。しかも、関東人にとっては意味がわかりづらいものもある。たとえば「**わや**」。「もう、わやになってしもたがな」というような用いられ方をするが、これは「てんやわんや」の「わんや」が略されたもの。

ただし、その意味は本来の「多くの人が秩序なく動き回ること」ではなく、「動き回ったあとのような状態」を言い、「どうにも収まりのつかないこと」や「収まりのつかない気持ち」も表す。また、「めちゃくちゃ」と合わさった「わやくちゃ」ということばもある。

「**さら**」は「新しい」という意味で、おろしたての服は「さらの服」、新築の家は「さらの家」となり、新しいお皿は「さらの皿」だ。「服が新しい」「家が新しい」と表現するときは「さらっぴん」となり、「この服、さらっぴんやで」「お前とこの家、さらっぴんやなぁ」と使う。

「最初」を表すのが「**はな**」だ。「はなに言うとけや！」「はなからしといたらよかったのに」というふうに使われる。この「はな」は鎌倉時代の記録にも残るとされる古い表現で、由来は「端から」が訛(なま)ったものともいわれている。

「**べった**」は「最下位」「ビリ」を意味し、ペナントレースで阪神がなかなか勝てないと、夏の終わり頃には「阪神は今年もべったかぁ」という声が聞こえてくる。「べべ」「べべた」ともいい、さげすむ場合は「べったくそ」「どべた」、もしくは略して「どべ」ともいう。「ビリ」は「ビリッケツ」ともいうが、「べったケツ」という言い方はしない。

「**まあ**」は「まあ、お久しぶり」や「まあ、キレイ」の感嘆詞ではなく、「それでは」を表し、「まあ、こっちお入り」は「それでは、こっちへ入ってきなさい」の意味となる。

しかし、ニュアンスの異なる使い方もされ、「今頃から行っても、まあ間に合わへんやろ」なら、「どうせ」や「惜しいけど」を表現している。「あの映画、まあ〜、おもろないこと」は「すごく」や「言い表せないくらい」の意味。しかし、「まあ、おもしろかったな」となれば、「そこそこ」という意味だ。

「まあ」を2回重ねた「まあまあ」も、「そこそこ」の意味ではあるが。「まあまあ」と「まあ」では度合いが異なり、「まあ」のほうが程度は高い。

これらを合わせると、以下のようになる。

「**さら**の靴で運動会出たんやけど、走りで**べったに**なってん。こけてしもてな。**まあ**勝たれへんなて思たんやけど、お母ちゃんがな、アキラ兄ちゃん呼んできてたん。

うちな、アキラ兄ちゃんのこと、ちょっと好きやねん。そやけど、こけたとこ見られたやろ。恥ずかしくて。それやったら、**はなに言うといてほしかったわ。もう、わややわ。ほなな**」

標準語に直すと、

「新しい靴で運動会に出たんだけど、徒競走でビリになっちゃった。転んでしまったから。どうせ勝てないやって思ったんだけど、お母さんがね、アキラ兄ちゃんを呼んできてたの。私ね、アキラ兄ちゃんのこと、ちょっと好きなの。でも、転んだとこ見られてしまったでしょ。恥ずかしくて。それなら、最初から言ってくれてたらよかったのに。もう、気分が収まらないわ。じゃあね」

となるのだ。

4

会話スタイルでわかる東西の気質の違い

「で、オチは?」のひと言に関西人は何を求めているか

ノリを重視する関西人VS正確さにこだわる関東人

2章で「じゃん」や「そうなんだぁ」「ウケる」といった関西人が聞いてイラッとしたり、テンションが下がったりすることばを紹介した。だが逆に、関東人が聞いてイラッとする関西人の常套句(じょうとうく)やことば遣い、会話の癖もある。無責任な「知らんがな」や「行けたら行く」もそうだし、「何にでも笑いを求める」「オチを求める」もそうだ。

また、関西人が関東のお笑いを見ても何が面白いのかよくわからないという話も聞くが、関東人とすれば逆もまた然りだ。しかしこれは当然である。

一般的な傾向だが、関西のお笑いはミルクボーイの「うちのおかんがな」というネタのように、自分や身内を親しみやすいキャラクターに変えて笑いを取る。それに対して関東のお笑いは、言い回しや会話のズレ、テンポや間を楽しむものだ。これは「どこにでも転がっていそうなことを面白く表現する」という関西芸人と、「話のテクニックで人を笑わせる」関東芸人の違いといえよう。

さらに関東人は、オノマトペを多用されたり、話をオーバーにされたりすることに慣れていないため、実際の事象に立ち会うと「なんだ、言うほどじゃないじゃん」と感じることもある。

たとえば「この前、新しいにできたレストラン行ったらな、人もズラー並んどったし、めちゃめちゃ料理でっかて（大きくて）びびったわ」と聞いたとする。だが、いざ行ってみるとそこまででもないという場合、「話を盛ったな」と思ってしまう。関西人にすれば、「話盛ったほうが、おもろいやん」ということになるが、関東人は正確な情報を求めたいのだ。

略語にも多少の違和感を覚えることがある。関西人がコンビニのセブン-イレブンを「セブイレ」と略しているのを聞くと、関東人は「いや、セブンのが短いでしょ」となるし、マクドナルドを「マクド」と略しているのを聞くと「朝マックみたいに、マクドナルドが公式にマックって言ってるのに、なぜわざわざ違う略称を使う？」という感想を抱くことも多い。

ただ、そんな話を関西人が聞いても「ならば反省しよう」「改めよう」とはならない。「そんな細かいこと、どうでもええやんけ」となるのがオチだ。だが、関西人側からすれば、「じゃんは使うな」「そうなんだ〜は言うな」「ウケるってなんやねん！」となる。会話のスタイルには、互いに相容れない部分が少なくないのだ。

盛るだけ盛って「知らんけど」って…関東人はついていけない?!

関西人がいろいろと興味深い情報をダーッと話しておきながら、最後に「**知らんけど**」で締めることがある。関東をはじめ、他地域の人にとってはこの文句、かなり無責任に聞こえ、イラッとするようだ。「知らないなら言うなよ！」「今までの話はなんだったの？」と言いたくなるという。

では、なぜこのことばが関西、特に大阪で多用されるのか。さまざまな説があるが、基本的には、サービス精神旺盛な気質が大きく影響しているようだ。

大阪での会話は、正確性を後回しにして日常を面白おかしく話すことが優先だ。相手を楽しませることを重視する傾向が強すぎて、どんどん勢いがつき、頭の中で想像したこと、チラッと耳にした巷(ちまた)のニュースまで、「○○らしいで！」と見てきたかのように話してしまう。

しかし、話しながらも「いや待てよ。かなり盛ってしもた。誰かから聞いたことやけど、信憑性(しんぴょうせい)薄いかも」という自覚はある。そこで「違(ちご)てたら、困るさかい、とりあえず濁(にご)しとこ」と、尾ひれを付けて話してしまったことを、「知らんけど」で回収しているのである。

話されるほうも、もうこの流れに慣れているので「知らないのに言わないで！」と怒るのではなく「なんや、知らんのんかーい！」とツッコむのが、お決まりだ。

このほかに、古くから商売が盛んな土地柄が関係しているという説もある。大阪は、他県や海外からの人・物の出入りが多く、そのため自然と「人それぞれ」という考え方ができていった。つまり、「知らんけど」は「自分の考えを言うけれど、他人にはまた別の考えがある」という、多様性を尊重する意味でくっつけているというものだ。

ならば、話の終わりではなく、最初に「知らんけど」と前置きしてから話せばいいのでは？　という意見もあるだろう。

しかし、それをしてしまうと、そもそも話を聞い

てもらえない可能性がある。何より、ノリで会話を進める関西にとって「とりあえず勢いでどんどん話す」のはコミュニケーションの基本。逆に「知らんけど」を言わないほうが、無責任な情報を放置することになり、危険なのだ。

話しつつ、言いすぎたら「知らんけど」でチャラにするのは、多様性と情報管理を考えた、スマートなテクニックなのである。

なお、関西人の「知らない」には、表現の違いで感情の込め方が変わる。

- 本当に知らないとき……**「知らん」「知らんわ」**
- 知らなくて申し訳ないとき……**「知らんねん」**
- どうでもいいし、知らなかったとき……**「知らんし」**
- その情報に確信が持てないとき……**「知らんけど」**

となるのだ。

大阪では、初対面同士でもボケとツッコミ会話をする！

関西人、特に大阪人は、日常会話の中でも漫才のようなボケとツッコミを行う。

そう聞くと、関東の人は「いくら関西人でも、知らない人にツッコんだりはしないだろう」と思うかもしれない。しかしこれは、大きな誤りである。

大阪人のボケとツッコミは、長い歴史の中で脈々と受け継がれた習性のようなものだ。商人の町であることも大きい理由の一つであり、全国からさまざまな人やモノが流通する場所だったため、どんな人とも上手に話を進め、駆け引きをする必要があった。

そこで笑いを会話の間に挟み、テンポよく相手を気持ちよくさせ、しかも金銭的にシビアなやりとりもしっかりと盛り込む。用が済んだらズルズルと世間話を続けず、オチの挨拶をつけ、話を終わらせる。こういう取引を続けるうち、コミュニケーション能力が自然と培われていったと思われる。

単調な会話が続けば、話の流れを中断させてボケ、ボケられるとすかさず「なんでやねん！」とツッコむ。それが日常になっているので、関西のテレビ番組では、素人に突撃インタビューをしても、ボケとツッコミが見られる。学校の授業でも、先生がボケて生徒がツッコむこともある。関東のお笑いで高度なテクニックとされる「ノリツッコミ」は、小学生でもお手の物だ。

このように、もはや大阪人にはＤＮＡレベルでボケとツッコミが染みついているため、「仲がいいから」や「場を盛り上げたいから」などの理由は必要ない。

おそらく二度と会わないような人同士でも行われるし、親子や兄弟同士でも見られる。テレビを見ていたり、マンガや小説を読んでいたりするときにツッコむことなど日常茶飯事だし、映画館でツッコみたくなるのをウズウズして我慢することもある。もはや、親近感云々は関係ないのだ。

また「自分は面白い」という根拠なき自信もあり、ボケているのにツッコまれないときは、「なんや自分、ノリ悪いな!」と周りのせいにする面倒なタイプもいる。そのため、関東人は大阪人の「ボケとツッコミが当たり前」なコミュニケーション術を「押しつけがましい」と嫌う人も多いという。

「で、オチは?」のひと言に関西人は何を求めているか

「昨日はオールで遊んだ」「ディズニーランド行ってきた」というような何げない会話は、それなりに楽しいものだ。特に地方から移り住んでいる人が多い東京では、情報交換の意味もあり、普通に状況報告だけのやり取りで終わることができる。

しかし、関西では報告だけで終わると、「**で、オチは?**」と聞かれることがある。

つまり、「何をやったか」という行動だけではなく、「どんなふうに思ったか」「どのような結末があったのか」までを求められるのだ。

このオチを求める気質は、他地域では面倒がられる傾向があるのも事実。だが関西では、ギャグやボケ・ツッコミに加え、会話にオチがあるのが当たり前なのだ。そのため、関西人に「オチは？」と言われたら、関東人は芸人レベルのネタを持ってこないと怒られてしまうと誤解している節がある。だが関西人は、そこまで求めてはいない。

実は、関西でいう「オチ」は、ギャグを飛ばしたりボケたりすることではない。次の話にスムーズに進むために、一つの話の最終結論が欲しいだけなのだ。

特に商人の街である大阪は、古くから交渉をする機会が多く、会話の持っていき方で利益が大きく変わった。気持ちよく売り買いをするため、必要のない世間話やユーモアも加えるが、ダラダラと話を続ければ時間ばかり取られて、次の取引に影響が出る。そこで、話をしっかり終わらせる必要があったのだ。

こうしたやり取りを繰り返すうち、大阪ではコミュニケーションの「起承転結」にこだわるようになってきたのだろう。

つまり、「オールで遊んだ」「ディズニーランド行ってきた」という状況報告だけの場合、「それから?」と続きを待つ沈黙が長くなるほど、別の話に移るタイミングが難しくなる。つまり、無制限で起承転結の「起承」が続いていくようなもの。そこでいったん「オチないんかーい!」というツッコミをすることで、話を終わらせるのだ。

したがって、漫才の終わりのような秀逸な笑いの締めは求められていない。「はい、この話はいったんここで終わり」とジャッジしたいだけなので、「オチはない」「楽しかった」など、適当に一言言えば「そんで?」「オチは?」などというツッコミは簡単に回避できる。

ただし、「オチもないような話すんな!」という、厳しい意見を言う者もいる。また、頑張って考えたオチに、「なんやそれ、おもんな(面白くない)」と辛らつな感想を漏らす者もいる。関西人は方言が抜けなくて東京で苦労する人もいるが、関東人は話のオチで苦労することも大いにあり得るのだ。

関西人からすると、関東人は「会話のパス回し」ができていないって?

インタビュー取材を生業にする人の中には、あらかじめシナリオを書く人がいる。

つまり、質問に対して「こう答えられたら、こう聞こう」「答えに詰まったら、こう聞き返そう」というふうに、あらかじめ質問と答えの流れを設定しているわけだ。

もちろん臨機応変な対応も心得ているのだが、「行き当たりばったり」という人は少ない。これとは対照的に、「臨機応変な行き当たりばったり」を得意とするのが関西人だ。

関西人から見た関東人の会話は、「話題がブツ切れ」「次のことばが出るまでの間が長い」という印象を受けてしまう。「それはね、そうだなぁ……」というふうに考え込まれると、「さっさと返事せんかい！」といらだちさえ覚えてしまう。

その点、関西人同士の会話はテンポが早い。しかも、会話の糸口がささいなものであっても、どんどん話題を膨らませて展開していく。しかもツッコミを忘れない。

「この間、UFO見たねん」

「どこで？　コンビニ？」

「あほ、焼きそばちゃうわ」

とボケとツッコミを繰り返しながら話を進め、

「そやけど、UFOてどこでつくってるんや」

「そら、鉄工所やろ」

「鉄工所でＵＦＯできるか？」

「あほ、鉄工所なめたらあかんで」

と関係のない話で笑いを取り、

「そやけど、アメリカはＵＦＯを秘密にしてるらしいで」

「ほんまか？　ほな、俺が大統領に言うちゃる！」

と大げさな表現で会話を終える。

このように、関西人は会話のパス回しを命とする。

先の会話も決して大げさなものではなく、ごく日常で聞かれるのだ。その場所が立ち飲み屋など人の集まる場所であるならば、全く関係のない人が話の中に割り込んでくることもある。

「大統領に言うんやったら、わし、何とかなりそうやで」

「おっちゃん、ほんまか？　英語しゃべれるんか？」

「英語やったら、知り合いに学校の先生おるわ」

「その先生に頼んだら、大統領に会えるんか？」

「それはわからん。わからんけど、大阪府の知事やったら知ってるで。まあ、向こうはわしのこと知らんやろけど」

と、話が脱線してしまうパターンも多い。

もちろん、このおっちゃんがアメリカ大統領とつながっているなど、誰も信じてはいない。だが、それを頭から否定もしない。否定するどころか、会話を面白がって楽しむ。そして関西人は、ライターのシナリオではないが、「こう言われたら、こう返そう」「この話の流れやったら、次のことばでボケてみよう」と常に考えて会話をしている。

コミュニケーション能力が求められる昨今、わざわざ高い受講料を払って講座に出向くより、関西の下町の立ち飲み屋に行って、酔客(すいきゃく)の話に耳を傾けたほうが有意義かもしれない？

関西人の会話ではなぜ「てにをは」が省かれるのか

デートの帰りに終電を逃し、女性が「今日、泊まっていこうか？」と言う。男性にとっては舞い上がってしまいそうなセリフだが、正式には「今日は泊まっていこうか?」と「は」が入る。この「は」を助詞といい、その他の助詞を含めて「てにをは」と呼ばれたりもする。

関東でも同様に略されることも多いが、さらに顕著(けんちょ)なのが関西弁だ。デートの会話だと、「今日は何が食べたい?」が「今日、何食べたい?」となり、「これは君へのプレゼント」が「これ、自分にプレゼント」となる。「この前、あなたが別の人と歩いていたのを見たっていう人がいるの」は「この間、自分、別の人と歩いてたん、見たいう人おんねん」だ。

人への依頼や命令も端的だ。「荷物を押し入れにしまって」は「荷物、押し入れなおして」であり、「ごみを捨てろ!」は「ごみ、ほかせ!」。ちなみに「なおす」は「しまう」、「ほかす」は「捨てる」の意味である。

このように、助詞を省いて簡略化しても意味は十分通じている。逆に助詞を入れて長々話すと、「ちゃっちゃと(さっさと)しゃべりぃや」と反感を持たれたりする。関西人、特に大阪人は時間にシビアなのだ。

さらに省略されるのが「く」だ。「今日は寒くなるね」は「今日は寒なるなぁ」、「早くしなさい」は「早よせぇや」、「痛くないから大丈夫だ」は「痛ないさかい大丈夫や」というふうになる。

これらを活用すれば「じゃあ、ホテルに泊まる?」は「ほな、ホテル、泊まる?」となり、「明日は早く起きないとダメなんだ」は「明日、早よ起きんとあかんねん」、「今度、旅行へ行こうか」は「今度、旅行行こか」となる。

話はスピーディーだが、早口でしゃべられると、聞き取りにくいのが難点だ。

関西弁は助詞を省く代わりに「歯ぁ」「ええでぇ」と語尾を伸ばす

関東の人が歯痛を覚えて歯医者に行ったとき、「先生、歯が痛いんです」と症状を説明するだろう。だが関西人は「先生、歯ぁ痛いんです」と訴える。もちろん病院だけでなく、「手を洗う」は「手ぇ洗う」、「目を覚ます」は「目ぇ覚ます」だ。身体の部分だけでなく、「絵を描く(絵ぇ描く)」「木を削る(木ぃ削る)」「背が高い(背ぇ高い)」となる。

関西人は「てにをは」の助詞をあまり使わないと、前に説明した。ただ、「1音の名詞+動詞」の場合、名詞の語尾の母音を伸ばして助詞の代わりにする。また、助詞の代わりだけでなく、1音名詞は基本的に語尾を伸ばす傾向にある。「スッポンの血ぃ」「赤い火ぃ」「落語の間ぁ」などである。

この語尾を伸ばす表現は1音名詞だけでなく、「です」「ます」の代わりに使われることもある。関東なら「大丈夫です」「行ってきます」と言い切るところを、関西は「大丈夫やでぇ」「行ってくるわぁ」と余韻を持たせる。

さらに、相手に何かを伝えるときも伸ばす。「気にしないで」は「気にせんでええでぇ」、「早く帰ろう」は「早よ帰ろぉ」もしくは「早よ帰ろおやぁ」、「好きです」は「好っきやでぇ」となる。それが謝罪であっても「申し訳ない」は「堪忍してぇやぁ」となり、逆に謝罪を求めるときも「謝ってもらおうか」は「謝ってもらおかぁ」と伸ばす。

ただ、どんな状況でも伸ばすわけではなく、気持ちの入れ具合で伸ばすか伸ばさないかは変わる。「好っきやでぇ」は真剣な愛情表現ではなく、冷や

かしや照れも含まれている。これがプロポーズとなると、「オレ、お前のことが好きや」と言い切る。謝罪ももちろん、「堪忍(かんにん)してください」と敬語だ。謝罪を求めるのも、「謝ってもらおか」もしくは「謝れや！」となる。

つまり、語尾を伸ばしているうちは、まだ気持ちに余裕があるということだ。関西人が軽い気持ちで伝えているか、本気で告げているかの違いは、語尾の長短で判断できる。顔の見えない電話での会話では、この判別法が役に立つだろう。

関西人の話のテンポが早く感じられる理由とは

京ことばを除き、関東人が持つ関西弁のイメージは、「速い」「まくしたてる」だろう。確かに昨今の漫才などは、早口のマシンガントークが多いようだ。

しかし、もともと江戸っ子のべらんめぇ口調は、関西人がついていけないほど速いし、本来の大阪のことば（船場ことば）も京ことばのようにテンポは遅かった。その原因として考えられるのは、使われる助詞の多さだ。

前述したように、基本的に関西弁は「てにをは」を使わない。ただし、その他の助詞を使う場合は文字数が多い。「私のです」は「私のんです」、「頼むから」は「頼むさかい」、「あいつもあいつだが」は「あいつもあいつやけど」と、1文字程度多くなる。

しかし、「必ず助詞が多い」ともいえないパターンも存在する。例を挙げれば、「買ってみたけれど」は「買うてみたけど」、「子どもだって知っている」は「子どもかて知ってる」、「行かなければならない」は「行かなあかん」だ。

つまり、助詞の多さや省略は話のテンポと関係ないことになる。実際、東京の人が話すことばの速度と、同じ意味の大阪弁を話す大阪の人の速度をはかった場合、ほとんど差がなかったという実験結果もあるという。

それでも関西弁が速く聞こえるとされるのは、滞りの少なさにあるのかもしれない。促音が少なく、平坦なアクセントが多く、京ことば以外、抑揚の少ない関西弁は流暢だ。

しかも、知人同士であれば短縮してしまうワードも多い。地名でいえば、谷町九丁目は「谷九」だし、梅田新道は「梅新」、アメリカ村は「アメ村」である。関西共通の短縮語もあるが、地元や知人同士でないと理解できないものもある。これらを多用すれば、確かに速度はアップする。

さらに、「だ」「である」と、ことばの最後をきっちりと言い切らない。「〜やん」

「～やなぁ」とやわらかく結ぶ。そのうえ相手が話し終える前に、ことばをかぶせる癖もある。となれば、会話は途切れることなく「間(ま)」もない。この流れるようなやり取りが「速い」とされる原因かもしれない。

さまざまな地方から人が集まる東京圏では、誤った発言や誤解を避けるためにことばを選び、相手の話を聞いて吟味(ぎんみ)する。だから正確性が求められるが、関西人はとりあえず話を続けようとする。投げられた会話のボールは、できるだけ早く返さないと失礼だという意識があるからだ。

そのため、誤った発言をしてしまうことがある。それをカバーするためのことばが前述の「知らんけど」。言うだけ言っておいて、最後に「知らんけど」を付けることで責任を回避しようとしているわけだ。

相手を指して「自分」と呼ぶ関西人を関東人が笑えないわけ

「関西では、あなたのことを『自分』って言うんだって？　おかしいよね」と言う東京の人がいたとしよう。これに対して関西人が「自分、何がおかしいねん！」と口走ってしまい、慌てて口を塞(ふさ)いでしまったりする。こんなパターンが、無きにしもあらずだ。

最近は関東でも認知されつつあるものの、やはり違和感がぬぐえないという話もある。「自分、これから時間ある？」と関西人に聞かれ、「いやいや、君の時間の都合なんかわからない」と困惑してしまうともいう。

関東人にとっての自分とは、文字どおりに自分自身のこと。「自分は不器用な男ですから」とか「自分は東京の出身です！」というふうに使う。すなわち「自分」は一人称であり、英語の「I」と同じ意味。

しかし、関西の「自分」は一人称でもあり、「君」「あなた」「お前」「You」といった二人称でもある。

とはいえ、相手を「**自分**」と呼ぶのは大阪とその周辺のみ。なぜ「自分」が二人称として使われだしたかはわかっていないが、一説によると親しみやすさを重んじたからだという。

知り合いに対して「あなた」は丁寧すぎるし、「お前」と呼ぶのも生意気と思われかねない。さりとて「君」も気取っている。そのため、気軽に使いやすく、下に見られにくい「自分」を使うようになったという。

もしくは、自分自身が相手と同じ立場であることを示す、一種の思いやりだという説もある。大人が子どもに「ぼく」と言うのと同じようなものだ。または「あなたは自分自身の考えとして〜」ということばを略しているという説もある。

いずれにしても、相手の立場と親しみを大事にしていることに変わりはない。つまりは、相手を自分に置き換えて親しみを表しているのが、関西における「自分呼び」なのだという。

ところが実は、関東にも「自分」に似たことばを二人称として使うことはある。「**手前**（てまえ）」だ。手前は「自分の前」「自分の領域」という意味で、もともとは一人称。時代劇で商人が「手前どもの店では」などと言うのもよく聞く。

これが、べらんめぇ調の「てめぇ」となると二人称になる。「てめえら人間じゃねえや！　叩っ斬ってやる！」は、１９７０年代後半に人気を博した時代劇ドラマ『破れ傘刀舟（とうしゅう）悪人狩り』で萬屋（よろずや）錦之助演じる主役の叶（かのう）刀舟が吐くセリフだ。すなわち、一人称だったものを二人称で使うのは江戸でも大坂でも同じなのだ。

今でも東京で、「てめぇ、このヤロー！　殴ってやる！」と叫んでケンカを始めるシーンはある。大阪弁に訳せば、「われ、このクソガキ！　しばいたる！」か「おんどりゃ、何さらしとんねん！　いわしたる！」といったところか。かなり下品な表現ではあるが。

「通したって」など、自分のことなのに第三者のことのように言う謎

横並びに歩いて道を塞いでいる人の後ろから、急いでいそうな子どもが来る。こんなとき関東の人なら、「すいません、通してあげてください」と言うだろう。それは関西でも同じで、「すんまへん、通したってください」と言う。

では、自分のときはどうか？　関東なら「通してもらえませんか」、もしくは「通してください」だろう。だが関西なら、「通したってくれまへんか」と、まるでほかの人が通るように言う。

なぜ、自分のことなのに第三者のような立場で頼むのか。その理由としては、自分と相手との立場を同じにすることで対立を弱めようとしているという説がある。

冒頭の例の場合、道を塞いでいる人とその間を通ろうとする自分は、軽い対立関係にある。スムーズによけてくれればいいが、「なんや、おっさん、脇歩けや」と譲ってくれないことも考えられるからだ。

そんな、多少は緊張した関係にありながら、「通して」と言い切ってしまえばカドが立つ。「通してください」とへりくだるのも、しゃくに障る。

そもそもは、道を塞ぐほうが悪いのだから、「あんたら道塞いでるさかい、誰も通られへんがな。わしがみんなの代わりに通るさかい、道、開けたって」という意味を込め、「通したって」と伝えるわけだ。

この表現は、明らかに対立している相手にも使われる。謝罪のことばで、関西人は「堪忍して」と、よく口にする。そして、迷惑をかけた人に謝る際、「十分反省してるさかい、もう堪忍したってぇな」と言う。悪いのは自分自身であるにもかかわらず、だ。

この場合、「今回はわしが悪い。そやから謝る。そやけど、また同じようなことで迷惑かける人が他にいてるかもわかれへん。そのたんびにイライラしてたら、アンタも身が持たん。そんな人らの分も含めて堪忍したって」という願いが込められている。

もしくは、「あんたも同じようなことで、わしに謝らなアカンかもしれへん。そのときはわしも堪忍したるさかい、今回はあんたがわしを堪忍したって」と、立場の逆転を見越して告げていると考えられる。

しかし、相手が相当怒っている場合は、「堪忍したって、てな、他人事みたいに言うな。お前のことやろが！」と火に油を注いでしまう。そんなときは平身低頭で、

「すんまへん、堪忍してください」である。

「寒い、寒い」など、京都人が同じ語を繰り返す意図とは？

電話などで「はい、はい」と繰り返す二度返事。行儀が悪いのでよしたほうがいい、というのが全国的な常識だが、関西圏では同じことばを繰り返す人が多い。特に目立つのが京都の人だ。

ご存じの人も多いだろうが、盆地である京都の夏はすこぶる暑く、冬は凍えてしまうほど寒い。そこで、「今日は寒おすなぁ」と聞かれると、「ほんま、寒い、寒い」と返事をする。ただし「寒い」は、そのまま「さむい」のときもあるし、「さぶい」「さっぶい」と発音することもある。

「さむい」と「さぶい」にあまり差はないが、「さっぶい」は「さむい（さぶい）」の強調だと受け取ってもらって差し支えない。対語の「暑い」は「あつい」、強調は「あっつい」である。

感想だけでなく「そんなことしたらアカン、アカン」「そんなもんいろたら汚い、汚い」と注意を促すとき、もしくは「今日遊びに行けへん？」「うん、行く、行く」

や「これ、買う?」「うん、買う、買う」というように行動表現も繰り返す。ちなみに「いらう」は「触る」の意味、「汚い」は「きちゃない」と発音する。

返答ばかりではなく、「はぁ、忙し、忙し」や、「もう、眠たい、眠たい」(「ねむたい」もしくは「ねぶたい」)と、独り言も繰り返す。この「繰り返し表現」は単純な強調ばかりでなく、確認も含まれていると考えられる。

つまり、「寒い、寒い」なら「あんたも寒いん? うちも寒い」という確認、「アカン、アカン」なら「アカンと思うわ。アカンと思えへん?」という確認、「行く、行く」は「行きたいわ。行ってもええん?」という確認だ。

独り言も同じで「忙しなぁ、なんで忙しいんやろ」という確認と自問である。

すなわち、「今日は寒いですね」という問いに対し

て、「（あなたが思うように）本当に寒いですね。私も寒いと思っていました」との答えを短縮した形となるのだ。他の地域の人が「寒いです」と自分の感想だけを述べるのに対し、京都人は相手の気持ちにも寄りそってくるのだ。

とはいえ京都や大阪でも、「はい、はい」の二度返事は慎むべきことだとするのは、関東やその他の地域と同じである。

行くん、かめへん、アカン…関西弁が会話に「ん」を多用するのは？

関西人は自覚していないが、関東人が「ん？」と思う表現は多い。はっきりとは言えないが、なんとなく違和感のある表現だ。たとえば、

「あなたも食事に行くの？　行くのなら、早く用意をして。私、かなり待っているのよ。どうするの？」

と標準語で言うとしよう。これを関西弁に直すと、以下のようになる。

「あんたもご飯に行くん？　行くんやったら、早よ用意せんかいな。うち、だいぶん待ってるんやで。どないすんねん」

標準語に「ん」がゼロであるのに対して、関西弁は「ご飯」の「ん」を除いても

8個ある。これが、「なんとなく」の違和感の原因だろう。

そもそも関西弁には、「ん」の付くことばが多い。「大丈夫」は「かめへん」、「疲れた」は「しんどい」、「ダメ」は「アカン」のように、だ。このような単語だけでなく、「〜せえへん」「〜やねん」「〜してん」のように最後に「ん」が付くし、例文のようにことばの間にも「ん」が入る。

この「ん」が入ることで、関西人は表現が柔らかくなった印象を受ける。関西人にとっては当たり前の表現なので、当然、違和感はない。逆に、標準語で「〜するの」「〜して」「〜のよ」と言われると、何やらせっつかれているような気分になってしまうのだ。

一方、関西表現は「ん」のおかげで発音がはっきりせず、感情が読み取りにくい。関東人は「早よせんかいな」と言われても、どの程度急ぐべきかが、わかりづらいのだ。ただ、「早よしぃや！」と声を荒らげられると、関東人も大急ぎとなる。「ん」が入らず、「しぃ」とイの段のことばが使われることで、発音の柔らかさが影をひそめるからだ。

関西という土地は地元民が多く、人と人とのつながりが濃くて複雑だ。初対面の人であっても、話しているうちに共通の知り合いがいたというパターンは多い。だから、見知らぬ人であっても油断はできない。そのため、できるだけ柔らかな表現を心がける習慣が根付いている。

「ん」を入れたことば遣いは、「あいつ、なんか偉そうとちゃうか」という評判を避けるために生み出されたテクニックでもあるのだ。

関西人が「さん」「はん」と敬称を付ける物・付けない物

関東人が「浅草寺」を「浅草寺さん」、「神田神社」を「神田さん」と呼ぶのは聞かない。「お星さま」「お月さま」「お日さま」などは耳にするが、それ以外で人間以外に敬称を付けることは、ほぼない。

例外的には、ビジネスマンが他社に対して「東芝さん」「トヨタさん」「伊勢丹さん」と言うくらいだろうか。それでも、日常会話では使わないだろう。

ところが関西では、多くの物に「さん」、もしくは「はん」を付ける。敬うべき場所である神社仏閣はもちろん、食べ物にも敬称を付ける。「いなりずし」は「おいなりさん」だし、「豆」は「お豆さん」、「いも」は「おいもさん」で「お粥」に関しては、少し訛って「おかいさん」だ。

挨拶でも、「おはよう」は「おはようさん」。しかし、「こんにちは」や「こんばんは」に「さん」は付かない。

行事ごとは、十日えびすなら「えべっさん」、祇園祭は「祇園さん」、五山の送り火の大文字は「大文字はん」である。ただし、大阪で「えべっさん」は言うが、「天神祭」を「天神さん」とは言わない。「天神さん」は天満宮のことである。

また、同じ食べ物でも、新しい物やお菓子には敬称を付けない。カレーや牛丼はそのままで、わらび餅やまんじゅうも「わらび餅はん」「まんじゅうはん」とは言わない。

食べて身になりそうな物だけに敬称を付けているように思われるが、それでも、「ご飯」は「ご飯」で敬称を付けない。このあたりの区別の付け方は曖昧である。

また、京都でよく耳にするのが、「お○○」というふうに、頭に「お」や「ご」を付ける言い方だ。これは、公家に仕えた女官や侍女が使っていたことばの名残とされ、丁寧語として使われていたものが現代でも残っているようだ。「お豆」「お揚げ(油揚げ)」「お味噌」「お月さん」などが挙げられるが、上品で丁寧に聞こえながらも親しみのあることばとして、今でも使われている。

京都人は、ことばが美しく上品に伝わることを重んじる。おいしい料理を食べても大阪弁のように「うまい」を使うことはなく、「このたいたん、えろうおいしおす」と言う。ちなみに「たいたん」とは「炊き合わせ」のことで、「この炊き合わせ、とてもおいしいです」という意味だ。

これを聞いて、関東の人が京都の人に「料理にまで敬称を付けるだなんて、おかしいの！」などと、冗談でも口にしてはいけない。「東京のお人は、冷たおすなぁ」と軽くいなしているように見えながら、実ははらわたが煮えくり返っているのは間違いないからだ。

5

きいひん、けえへん、こうへん。「来ない」の大阪弁はどれ？

大阪、京都、神戸…微妙に異なる関西方言

大阪弁と京都弁の大きな違いは、イントネーション

同じ関西でも、それぞれの土地で文化や歴史は異なる。したがって方言も、大阪、京都、兵庫、滋賀、奈良、和歌山では異なる。それらすべてを説明するには書籍1冊分でも紙幅が足りないので、まずは大阪と京都の違いを説明したい。

京都弁は柔らかなイメージがある。それは、イントネーションに抑揚(よくよう)があるためだ。たとえば、遠来の客を出迎えるとき、「よう、お越しやす。遠いとこから、お疲れさんどす」と言う。これが大阪だと、「よう、お越し。遠いとこから、お疲れさんでんな」となる。

文字ではあまり差がないように思えるが、「お越しやす」の「やす」は「や」にアクセントがあって抑揚が感じられる。一方、大阪弁では「お越し」と言い切ってしまう。語尾の「どす」と「でんな」も、「どす」は「ど」にアクセントを置くが、「でんな」は平坦だ。

「ありがとう」を意味する「おおきに」も、京都弁は一つ目の「お」にアクセントを置き、二つ目の「お」は音が下がって、「き」で少し上がって「に」で下がる。大阪弁は「き」にアクセントが置かれるだけだ。

「どうでしょう?」を意味する「どうどす?」も最初と3文字目の「ど」にアクセントがあり、「う」の音が低く「す」は音域が上がる。これが大阪弁の「どないだす?」なら、最初から「だ」まで平坦で「す」は音が下がるというように抑揚は少ない。

さらに京都弁はテンポがゆるやかで、大阪弁は比較的速い。これは京都弁が公家(くげ)ことばや御所(ごしょ)ことばに由来するのに対し、大阪弁は商売人のことば遣いが受け継がれているからだと考えられる。つまり、貴族のスローモーな時間の流れと商売人の忙(せわ)しない時間配分で、ことばのスピードも異なっているのだ。

ただし、「京都のことばには京弁と京ことばがある」との意見もある。

いわゆる「京都弁」は、「京都の方言」という意味で便宜上用いられるものでしかない。京都の人は、日本の中心である京都に方言があるとは思っていな

いからだ。そんな京都人の使うことばには、さらに2種類あるという。「京弁」とは、それこそ王朝時代から残る女房ことば。平安時代から連綿と受け継がれる由緒あることばである。一方の「京ことば」は、江戸時代中期になってから生まれた町人の使うことばであり、公家に代表される王朝文化を反映していない。したがって、江戸時代から時代の流れとともに変化してきたものだ。

一例が語尾の「なあ」と「ねえ」で、京弁では「そうどしたなあ」だが、京ことばでは「そうどしたねえ」と話されることもあるという。

関西弁の中でも、京弁・京ことばは独特の特徴がある。それは、今でも「日本の首都は京都」と思い込んでいる人もいるといわれるほどの、強いプライドの表れかもしれない。

同じ語でも、大阪と京都ではアクセントが違うものがある！

大阪と京都のことばは、地理的に近いので似た点が多いが、もちろん違うところもある。特に違いを実感するのはアクセントだ。

たとえば、地名の「西陣」。大阪は「し」にアクセントを置くが、京都では「に」

にアクセントを置く。同じく地名の「東京」は、大阪では平坦に発音するが、京都では「きょう」にアクセントを置く。

地名以外では、「サバ寿司」は大阪では「サバ」にアクセントを置き、京都は「さ」に置く。「行きました」は、大阪では「いきま」にアクセントを置き、京都では「いき」にアクセントを置くのだ。ただし、大阪でも京都弁の「どす」が枚方市、島本町、高槻市など淀川沿いにも点々と見られるという。

京都弁の中にも細かい違いがある。まず、旧公家や宮中・宮家で使われた御所ことばがあり、それに対しての「町方のことば（町人の使うことば）」がある。織物で有名な西陣の「職人ことば」、花街の「祇園ことば」、京都市中京区を中心とした問屋街で使われる「中京ことば」があり、北白川や洛西などの「農家ことば」もある。京都では、地域のみならず職業によってもことばが変化していたようだ。

また、大阪と京都では、ことば自体がちょっとだけ変化することもある。たとえば、「行く」の軽い尊敬語が、大阪では「行きはる」と言うのに対し、京都では「行かはる」になる。また、「どうしたの」を表すのは、大阪では「どないしたん」、京都では「どうしたん」になる。

大阪と京都、同じ関西のことばでも、よくよく聞くといろいろと細かい違いがある。「明るい大阪弁、華やかな京都弁」と言われることもあり、そういった地域の特性が、方言の持つ深い味わいにつながっているのだろう。

きいひん、けえへん、こうへん。「来ない」の大阪弁はどれ？

大阪弁と京都弁のことばの違いは、もちろん語尾だけではない。顕著なのは否定形だ。たとえば「**しない**」は、京都で「しいひん」と言い、大阪では「せえへん」と言う。このあたりは、まだわかりやすい。

では、「行く」の否定形「**行かない**」はどうだろう。これは京都弁だと「行かへん」と言うが、大阪だと「行けへん」となる。しかも京都弁で「行けへん」と言うと「行くことができない」という意味になる。大阪弁でそれを言うなら「行かれへん」になるのだ。少しややこしくなってきただろうか。

同じ法則で、「言う」の否定形「**言わない**」を出そう。京都では「言わへん」、大阪では「言えへん」と言う。こちらも「行かない」同様、京都で「言えへん」と言えば「言うことができない」という意味が含まれる。

また、「来る」の否定形「**来ない**」は京都、大阪のみならず、神戸でも言い方が変わる。京都では「きいひん」「きやへん」となるのだが、大阪では「けえへん」、神戸は「こうへん」と言う。3地域で見事に分かれるのだ。

ほかにも異なるのは、「**捨てる**」という言い方だ。大阪では「ほかす」と言い、「そこの紙くず、ほかしといて」のような使い方となる。ところが京都へ行くと「ほかす」よりも「ほる」「ほぉる」の人口が増える。「そこの紙くず、ほっといて」のように、だ。「**いる**」も大阪では「お父ちゃんはリビングにいてる」と言うが、京都では「お父ちゃんはリビングにおる」や「いてはる」などという。

また、大阪と京都の文末表現の違いは有名で、京都の「どす」、大阪の「だす」ともいわれる。具体的には、

【「納得」を表す文末表現】

- 京都……「**そうどすな**」
- 大阪……「**そうだすな**」。ただし、「だす」はあまり使われなくなっていて、「そうでんな」や「そうやな」が現在の大阪では主流となる。ほかにも、以下の違いがある。

【「同意」を表す文末表現】

- 京都……「**そうどっしゃろ**」

・大阪……「そやろ」「そうでっしゃろ」

【「承諾」を表す文末表現】

・京都……「よろしおす」

・大阪……「よろしおます」「よろしいな」

【「許諾」を表す文末表現】

・京都……「かましまへん」

・大阪……「かめへん」

大阪と京都は近いがことばの違いは大きい。というより、京都弁の特徴は関西の中でも際立っている。それだけ京都は、独自の文化を築き守ってきたといえるのだ。

「すごい」を表す関西弁のバリエーションとは

お笑いコンビのダウンタウンが東京に進出したとき、代表的な冠番組として放送されたのがフジテレビ系の『ダウンタウンのごっつええ感じ』だ。高視聴率を叩き出した番組だったので、記憶されている方も多いだろう。

これを標準語に直すと「ダウンタウンのすごくいい感じ」となる。この「ごっつ」

は「ごっつい」を略したことばで、標準語の「すごい」に相当する。そもそもは「ごつい」が促音(そくおん)化したものであり、「ごつい男」と筋骨隆々(きんこつりゅうりゅう)の男性を表すときなどにも使われ、「ごっつい」がさらにすごくなると「ものごっつい」となる。

「ごつい」は岩などがゴツゴツしている様子からの由来だとされ、関西では「しゅっとした」や「いらち」などオノマトペ由来のことばが多い。

背景としては「相手に近づき、良い間柄を構築しようとする心理」の現れではないかと考えられ、上方文化評論家の福井栄一氏によると、「商人の町であるがゆえに、親しみやすさと臨場感を持って話す必要性」に起因しているという。

関西圏には地域によって、ほかにも「すごい」を意味することばがあり、京都は「えろぉ」だ。「すごくごめんなさい」は「えろぉ、すいまへん」とな

り、「雨が、すごく降っている」は「雨、えろぉ降ったはる」となる。
神戸では「**ばり**」ともいい、兵庫県の北部では「**がっせぇ**」、奈良は「**ごっつぅ**」、和歌山県南部は「**やにこ**」という。

もはや全国区となったことばには「**めっちゃ**」があり、これは「めちゃくちゃ」の省略形。人によっては「めっさ」ともいう。

「**えぐい**」も関西で使われるが若年層に限られ、高齢者はあまり用いない。そもそも「えぐい」は、アクの強い野菜の味やむごたらしい様などを意味するネガティブなことば。それを「あの単車、めっちゃえぐいんやん」という好意的な使われ方がされるようになったのは、「やばい」が本来の意味から逸脱したのと同じだ。

一方で関西と比較して関東には、こういった「すごい」の代替語の表現があまり多くはない。かつては「べらぼう」ということばも聞かれたが、近年は落語くらいでしか耳にしない。若者は「半端(はんぱ)ない」の略である「ぱない」を使うものの、2000年代になって使われだした表現だ。

若者ことばの「マジ」と語感が似ているところから「卍(まんじ)」という表現が生まれたように、「すごい」に相当するワードは、毎年のように現れては消えていく。こうしたことばの流行(はや)り廃(すた)りに着目するのも面白いかもしれない。

関西なのに、大阪弁より博多弁に似ている神戸弁

テレビなどで多用される大阪弁と、京都のイメージにもなっている京都弁は、露出の多さもあってか違いがわかりやすい。「でんがな」「まんがな」「なんでやねん」と「どすえ」「やす」「しはった」には明確な違いがあるからだ。

では、大阪弁と神戸弁とではどう違うのか？　というと、やはり違いは存在する。神戸弁には「**〜とぉ**」を入れて話すという特徴があり、「**〜しとぉねん**」と大阪弁の特徴の「ねん」を語尾に付けることもある。そして、際立った違いといえるのが話すスピードだ。

京都弁ほどではないが、神戸のほうが大阪よりもゆっくりと話すことが多く、全体的に柔らかい印象を持たれやすい。同じ「なんでやねん！」というツッコミも少しマイルドに聞こえるので、神戸女性は合コンで人気が高いのだとか。

ちなみに、「好きだよ」は大阪弁では「好きやねん」だが、神戸弁は「**好いとーよ**」と言う。甘い雰囲気が少し増して聞こえるので、ぐらっとくる人も多いだろう。松任谷由実の『タワー・サイド・メモリー』や浜田省吾の『恋は魔法さ』で神戸ガールが魅力的な女性として取り上げられるのも、うなずける。

ほかには、たとえば、誰かに「ダメだよ」と言いたいとき。大阪弁では「あかん」や「あかんねん」「あきまへん」と言うのだが、神戸弁ではこれが「**あかんで**」になる。

そして、先の「好きだよ」が「すごく好きだよ」になったら、大阪では「めっちゃ好きやねん」「ごっつい好きやねん」となるが、神戸では「めっさ好いとぉ」や「ばり好いとーよ」「ごっつ好いとーよ」となるわけだ。どことなく博多弁・福岡弁にも似ている印象がある。

ところで、「あほか」「あほちゃうか」などは、神戸弁では「**だぼ**」へと変化を遂げる。「どあほ」が転じたという説もあり、「おまえ、だぼか！」のように使う。これは神戸から西の播州（ばんしゅう）地方でも使われる。

大阪梅田から神戸三宮（さんのみや）までは、列車で約30分。その程度の距離でも、これだけの違いがあるのだ。

もし、関東人が関西で女性と知り合いになり、ゆっくりとした口調で「〜しとぉねん」と話すのを耳にしたら、「神戸の人？」と聞いてみるといい。「なんでわかるの?!」と親しみが増すこと、請け合いだ。

大阪弁と神戸弁の違いは、まだまだある

大阪弁と神戸弁の違いは、ほかにもある。それは「きいひん」「きやへん」(京都)、「けえへん」(大阪)、「こうへん」(神戸)といった、あまり差のないものだけではない。なかには、大きく意味が変わってしまうものも存在するのだ。

小さな違いとしては、神戸は大阪や京都と違い、敬語に「はる」を付けないことが多い。神戸人は「〜とぉ」を入れて話すと前に説明したが、敬語では「とって」を使う。

「ご存じですか?」は京都で「知ったはりますか?」、大阪で「知ってはりますか?」であるのに対し、神戸は「**知っとってですか?**」となる。

ほかにも、神戸は「いる」よりも「おる」を多用する特徴がある。たとえば標準語の「家におられますか?」は、京都では「お家にいはりますか?」、もしくは「お家にいやはりますか?」となり、大阪では「家にいてはりますか?」だが、神戸は「**家におってですか?**」となる。

大きく変わってしまうのは「**〜しよった**」だ。神戸弁では、「〜しよった」は自分のことではなく第三者の行為に対して使われ、「〜しそうになった」という意味。だ

が、大阪弁では「～してしまった」の意味になる。

「あいつ、車ぶつけよった」という大阪弁は、標準語に直すと「あいつは車をぶつけてしまった」となる。だが神戸では異なり、「ぶつけよった」は「ぶつけそうになった」という意味になるのだ。

ほかの例でいうと、「あの子、テストの問題間違いよった」は大阪で「間違ってしまった」だが、神戸では「間違いそうになった」、「嫁はん、男つくって出て行きよった」は「出て行ってしまった」（大阪）、「出て行きそうになった」（神戸）の意味となるのだ。

京都、大阪、神戸の、いわゆる「京阪神三都」だけでもこれだけの違いがある。ここに奈良、滋賀、和歌山や、それぞれの地域を加えると、さらに異なる方言が存在するわけだ。

「きつい」「汚い」とされる河内弁だが、京都の影響が濃いって?!

河内（かわち）地域とは、大阪府東部に位置するかつての「河内国」のこと。内陸部に位置し、北河内、中河内、南河内に区分される。そんな河内地域の方言は「きつい」「汚い」「悪い」として、ワーストランキングに必ずといっていいほど挙げられる。

河内弁の代表的な特徴として知られているのが「二人称」だ。「あなた」「君」「お前」などを示すことばとして、河内弁では「**われ**」という表現が使われる。「われは」の派生形には「わりゃ」「わら」もある。

ほかにも「する」は「**さらす**」、「してるの?」は「何さらしてんねん」となり、さらに強調して「何さらしてけつかんねん」というふうに「**けつかる**」を挟むなどの特徴がある。

また、語尾に注目すれば、次のような特徴がある。

- 「何ぬかしとんど(何を言ってるんですか)」というように語尾に「**ど**」が付く
- 「どっか行ってきたん?(どこかに行ってきたの?)」が「どっか行ってたんけ?」と、疑問文の終わりに「**け**」が付く
- 「もうちょっとやなぁ(あと少しですね)」が「もうちょっとやのう」というふうに、「な」「なぁ」が「**のう**」になる

そんな河内弁を使った会話は、次のようなものだ。

「おう、われ、久しぶりやんけ。どこ行っとったんや」(やあ、君、久しぶりだね。どこに行ってたの)

「ちょっと東京へ」

「東京やて、何ぬかしてんねん。われに似合うかえ。しゃれたとこ行ってけつかる」（東京だって、何を言ってるんだい。君には似合わないよ。しゃれたところに行ってきたんだね）

決してケンカを吹っかけているわけではない。

これらを見れば、確かに河内弁はガラが悪いという印象を受ける。しかし、北河内は京街道や淀川沿いにあたるため京都の影響が強く、高齢者の中には「ます」の代わりに「やす」を使い、京ことばの「どす」を語尾に付けるというふうに、さほどきつい印象はない。

最も河内弁らしい方言を話しているとされる中河内も、大阪都心部に近いため、現在はかつてのような河内独特のことばを使う人は少なくなっている。

河内の中で、地域の方言がいまだに色濃く残され

ているとすれば、南河内地域だ。ただし、こちらも大阪市内へのベッドタウンとして開発が進み、純粋な河内弁を話す人は少なくなっているという。

もし、言語学や民俗学の見地で河内弁に興味を持ったとすれば、調査するのは今のうちだ。

河内弁よりも「汚い方言」といわれる泉州弁とは

「汚い方言の筆頭」とされる河内弁だが、負けず劣らずとされるのが泉州弁だ。泉州は大阪西南部に位置するかつての和泉国で、現在の堺市から和歌山県境までの地域をいう。

多くは河内弁に似ているが、二人称で「われ」を使うことは少ない。代わりに使われるのが「**おのれ**」。関西弁の二人称である「自分」と同じ用法で、標準語の「君が言ったのではないのか」は「おのれが言うたんとちゃうんかえ」になる。ただし、あまり丁寧な言い回しには使わない。

派生型には「おのりゃ」があり、これは「おのりゃ、どこのもんじゃえ！」というふうに、ケンカなどでさらにエキサイトした場面で用いられる。通常は「自分」

り使わない。

である。
一人称は男性の場合は「**わい**」、もしくは「**わし**」で、女性は「**うち**」を多く用いる。河内弁と違って、「けつかる」という表現、さらに語尾の「ど」「のう」はあまり使わない。

また「**け**」は疑問だけでなく、「言うてるんけ」「やってるやんけ」のように、あらゆることばの最後に付く。さらには、感嘆語に「**わっしょれー**」というものがあり、これは「すごい！」に相当する。

これらを日常会話に当てはめると、次のようになる。

「おう、自分、こんなとこで何してんねん」（やあ、君、こんなところで何をしているの？）

「人待ってんねん」（人を待っているんだ）

「人って女の子け？」（人って女の子なの？）

「ええやんけ、ほっとけや」（いいじゃないか、放っておいてくれよ）

「あ、あの子か？　わっしょれー、えらいべっぴんさんやんけ」（あ、あの子なの？　すごいねぇ。とても美人じゃないか）

「自分」が「お前」になることも多く、その場合は「お前、こんなとこで何してんねん」となる。

また泉州弁の特徴の一つに、依頼の「ください」が「**ちゃって**」になるというものもある。「してください」は「しちゃって」、「聞いてください」は「聞いちゃって」。依頼以外にも、「言っていた」が「言うちゃあった」というふうに、過去の行動を表すときは「**ちゃ**」が付く。

河内弁や泉州弁のほか、兵庫の播州弁や和歌山の紀州弁も「汚い」「きつい」といわれることはある。だが、決して脅す気持ちや悪気があってのことばではないのでご安心を。

河内弁に匹敵する？ 関東の「ガラが悪い」方言

『名探偵コナン』の人気キャラクター、服部平次。彼は「どあほ」「はよ行かんかい」などコテコテの荒い関西弁をよく使う。親しみやすくて仲間思いのキャラクターだとわかっているから安心して見ていられるものの、現実にこういったことばで話しかけてくる人がいたら、恐ろしく感じる関東人も少なくないだろう。

だが、こういった荒々しいことばを使うのは関西だけではない。千葉県の銚子弁は河内弁や泉州弁、播州弁に負けず劣らず荒々しい。

たとえば「**早く来ねえとしょっぴくぞ**（早く来ないと無理やり引っ張って行くぞ）」や、「**しみじみやらんかおじくそが**（しっかりやりなさい臆病者が）」、「**ちゃかす**」「**ぶっちゃかす**」（ともに「壊す」の意）などがよく聞かれる例だ。また、「**ガンジ**（わけのわからない奴）」は若者の会話の中でもよく使われ、「あのガンジ野郎が」のようなフレーズを耳にすることも多い。

こういった荒々しいことばが今でも残っているのは、銚子の風土が関係していると思われる。銚子市は全国的にも有名な漁師町だ。漁業は自然や生き物を相手にする仕事であり、一つのミスで命をなくしかねない。また、厳しい冬風や荒波の中での漁は心身ともにタフであることが求められる。こういった厳しい環境の中で、自然と銚子弁は荒々しいものになっていったのだろう。

今では全国的に広く使われているが、弱い者を「**雑魚**」と表すのは漁師町らしいところだ。

ただ、一般的な関東の不良が使うことばは、特別な方言や表現が多いわけではない。したがって、文字だけを見ればあまり怖くはない。強いて挙げるとすれば、「**かったるい**（気だるい）」、「**うざったい**（うるさい、面倒くさい）」あたりだろうか。

京都人は、理由を示す語の最後に「し」「やし」を付ける

京都人の知り合いから「今日の夜、ご飯食べに行かん？　行きたい店あるし」と言われたら、あなたはどう感じるだろう。「行きたい店あるし」の次のことばを待ってしまわないだろうか？　しかし実はこれ、「行きたい店があるから」という意味で、理由を表す「し」なのだ。

「**し**」「**やし**」を語尾に使うのは、京都弁の特徴である。ＢＯＲＯの歌う『大阪で生まれた女』には、「大阪で生まれた女やさかい」という歌詞が出てくる。これを京都に置き換えると「京都で生まれた女やし」となる。しかし、京都弁になじみがある人間でなければ、「その続きは？」と聞き返したくなってしまうだろう。

「やし」は大阪の泉州弁でも使われる。上記の例に当てはめれば「大阪で生まれた女やし」となる。

京都弁と泉州弁の違いはアクセントにある。京都弁は語尾の発音が上がり、泉州弁は語尾の発音が下がる。泉州弁は音を下げることで、断定を表しているとも考えられる。

ではなぜ、京都では「し」を用いて理由を表し、時には語尾として使うようにな

ったのだろうか。これは言い切りの形を好まず、あえて文の途中までしか言わないことで、「奥ゆかしさ」を表現しているのではないかと考えられる。

「皆まで言うな」という文句があるように、日本には、最後まで言い切ってしまうのはいささか無粋であるという感覚がある。

これは「リモコン取って」のように「〜して」という形で、依頼やごく弱い命令を表すのと似ている。「リモコン取ってくれ」、もしくは「リモコン取ってください」と最後まで言ってしまうと、少し口調として強くなってしまうことを避けるため、あえて途中で文を省略しているのだ。

したがって、京都弁の「し」「やし」ということばを聞いたら、「ああ、あえて止めることで柔らかい表現にしているんだな」と解釈すればいい。「〜やし、の続きは何？」とたずねるのは避けたいところである。

大阪と京都で行き先を示す「上る」と「下る」

京都へ出張や観光で出かけて道に迷ったとき、偶然通りかかった人に道をたずねたとしよう。案内のことばが「そこどしたら、この通りをお上りやして、二つ目の角を西にお入りやして」。これを聞いて、すぐに理解できる人は、京都出身か京都に詳しい人以外にいない。

皇居を中心にして道路が環状および放射状に走る東京と違い、京都の通りは碁盤目状に整備されている。かつての皇居である御所は、その最も北側に位置する。そのため御所方面、つまり北へ移動することを「**上る**」、南への移動は「**下る**」だ。「**入る**」「**入る**」は東西に進むことを指す。

この「上る」「下る」「西入る」「東入る」は移動だけでなく、住所でも用いられる。たとえば、京都市役所は「京都市中京区寺町通御池上ル上本能寺前町」であり、京都府庁は「京都市上京区下立売通新町西入薮ノ内町」。なお、「上ル」「下ル」は「あがる」「さがる」、「入」は「いる」だが、道案内などの場合、「入る」は「はいる」という。

同じように、北方向へは「上る」、南へは「下る」、もしくは「下る」というのが大阪だ。大阪も市内中心部は京都のように碁盤目状となっている。だが、京都のように御所はない。「ならば大阪城が基準になる?」とも考えがちだが、それは間違い。大阪市内の「上る」「下る」は地下鉄の影響が強いのだ。

大阪市に地下鉄が通じたのは、1933年の御堂筋線が最初である。当初は梅田

～心斎橋間で運行が開始され、梅田駅方面が上りだった。つまり、心斎橋駅よりも北側にある梅田駅へ行くのが「上り」。この「上り」が変化して、北へ向かうことを「上る」と言うようになったとされる。また、市電の時代から北側への停留所方向が上りだったからとする説もある。

いずれにせよ、鉄道路線の影響を受けて「難波から梅田へ上る」「御堂筋をキタからミナミへ下る」、もしくは「下る」はイメージが悪いということもあって「ミナミへ下る」という表現が誕生する。

さらに1970年、大阪市内中心部を南北に通る御堂筋が南方向へ、御堂筋の東側にある堺筋と西側の四つ橋筋が北側への一方通行となると、「御堂筋は上り一方通行で、堺筋と四つ橋筋は下り一方通行」という表現も定着した。

これを覚えておくだけで、関東の人は京都や大阪で道をたずねても、迷うことは少なくなるはずだ。

6

東西で違いすぎる、身近なアレの名前

レジ袋を、関東は「ビニール袋」、関西は「ナイロン袋」と呼ぶって?!

レジ袋を、関東は「ビニール袋」、関西は「ナイロン袋」と呼ぶって?!

2020年7月から、コンビニやスーパーなどの買い物袋(レジ袋)が有料になった。このとき、「コンビニのビニール袋が有料になった」という言われ方もした。関東の人なら「へ～」で終わるが、関西人は「え?」と一瞬、戸惑ってしまう。すぐに、「ああ、ナイロン袋のことやな」と理解できるのだが、もしも、「コンビニのナイロン袋が有料に」なら、関東人はどう反応しただろう。

同じ品物でも、関東と関西で呼び名が違うものは多い。「**ワイシャツ**」と「**カッターシャツ**」、「**画びょう**」と「**押しピン**」などが有名だ。だが、意外に知られていないのが「**ビニール袋**」と「**ナイロン袋**」かもしれない。

ビニール袋の「ビニール」は「塩化ビニル樹脂」または「ポリ塩化ビニル」のことで、シート、ホース、チューブ、自動車内外装部材、水道の配管などに使われる。もちろん、かつては買い物袋や食品の包装袋にも使われていた。現在はポリエチレンやポリプロピレンでできた「ポリ袋」がほとんどなのだが、使い慣れた「ビニール袋」が、今も一般的に使われているわけだ。

一方のナイロン袋だが、そもそもナイロンはストッキングなどに用いられる合成樹脂であり、袋には使われない。つまり、ナイロン袋というものは、もとからこの世に存在しない。

それでも「ナイロン製の袋」という概念が広まったのは、「薄くて、柔らかくて、ツルツルしていて、燃えやすい素材」を、すべて「ナイロン」と呼んでいたからだ。そして「ツルツルしていて、燃えやすいが、薄くなくて、固い素材」はプラスチックだ。ちなみに、ナイロンもビニールもプラスチックの一種である。

日本でナイロンが広まったのは戦前からだが、ビニールは戦後だ。袋として利用されたのは1970年代。それまでは、紙袋か自前の買い物かごを使用していた。つまり、ビニールよりもナイロンのほうが早く認知されていたこともあり、「薄くて柔らか

くて、ツルツルした袋」は、ナイロン袋と呼ばれるようになったのだ。

これは関西だけでなく、全国的に見ればビニール袋よりも、ナイロン袋という呼び方をする地域のほうが多い。ビニール袋と呼ぶのは、関東圏に限られるのだ。関東でビニール袋と呼ぶのは、正式な素材の名称に改められたからだろう。となれば、ビニール袋という呼び名もいつかは廃(すた)れ、「ポリ袋」に変わるかもしれない。それでも関西ではナイロン袋のままだろう。関西人はことばに関して頑固なのだ。

「今川焼き」か「回転焼き」か。東西で異なる菓子の呼び方

小麦粉のふんわりした皮に、あんこがぎっしり詰まった丸いお菓子。関東では「**今川焼き**」と呼ぶのがオーソドックスだ。名前の由来はシンプルで、江戸時代中期、現在の千代田区にあった今川橋の近くの店で販売されたのが最初だったから。

一方、関西では、回転させながら焼くことから「**回転焼き**」、もしくは兵庫県姫路市にある人気店の名前から「**御座候**(ござそうろう)」とも呼ばれている。「御座候」とは、職人一人ひとりの「私が焼いた回転焼きでございます」の気持ちを社名にしたもので、地元ではもともと「御座候の回転焼き」として親しまれていたが、いつしか「御座

候」とだけ呼ばれるようになったそうだ。

しかし、ここまで読んでいて「あれっ、うちではそうは呼ばないけど……」と思っている方も多いのではないだろうか。というのも、このお菓子はほかにも名古屋の「大判焼き」をはじめ、実に全国で100以上の呼び名があるという。たとえば、埼玉では「甘太郎焼き」、長野では「じまんやき」、広島では「二重焼き」、熊本は「蜂楽饅頭（ほうらく）」、青森、北海道では「おやき」。

同じ形、同じ味のお菓子なのに、なぜこんなに呼び名が変わるのだろうか。それには「人気のお菓子だからこそ」の理由があった。

歴史をたどれば、東京の今川焼き、名古屋の大判焼きが定番だったが、人気が出て他店も作り始め、この丸いお菓子は全国に広がっていった。そして、それぞれの店が差別化するため、あえて屋号をそのまま商品名にした。そのまま、人気の店の名前が地域で定着していったという流れのようである。

この今川焼きにかかわらず、加工品の呼び方は、地方で人気のあるメーカーや商品名が強く影響するケースが多い。

たとえば、コーヒーに入れるクリームを関東では「**ミルク**」と呼ぶが、関西では「**フレッシュ**」と呼ぶ。これは、大阪府八尾市に本社がある「メロディアン」が、ミルクのことを「コーヒーフレッシュ」と名付けて売り出したことがきっかけ。これが関西に広まったのだ。

つまり、名前の違いは、地元でどれだけ愛されたかの証しでもある。同じお菓子でも、店によって個性は出るもの。今川焼きを食べて故郷の味を思い出す、ということもあるかもしれない。

ぼんち揚と歌舞伎揚。ほぼ同じ菓子なのに名が違うのは？

同じものなのに地域によって名前にバリエーションがあるのが、前述した「今川焼き」と「回転焼き」だ。同じように、ものはほとんど同じなのに、関東と関西で名前が異なるのが「**ぼんち揚**」と「**歌舞伎揚**」である。どちらも甘辛く味付けされた揚げせんべいで、ゴツゴツとした外見が特徴だ。

ぼんち揚の製造元は大阪市に本社を置くぼんち株式会社、一方の歌舞伎揚は武蔵野市の株式会社天乃屋だ。そのため、販路はぼんち揚が関西、歌舞伎揚は関東がメインとなっている。

製造の開始はどちらも１９６０年から。形はほとんど同じだが、歌舞伎揚は表面に家紋があしらわれていて丸形と角形の2種類があり、ぼんち揚は丸形のみで小さめの一口サイズとなっている。

味のベースは、どちらも醬油と砂糖。ただ、ぼんち揚はカツオだしとコンブだしが入っており、歌舞伎揚よりも塩気が効いている。生地は、歌舞伎揚のほうがぼんち揚よりも堅めである。

同じように見えても細かいところで違うのだが、現在はどちらも全国的に流通していて、ウェブストアでも買える。さらにぼんち揚は、メーカーのぼんちが日清食品と業務提携したこともあって販路を拡大。東日本での知名度も高まっている。

ぼんち揚のように、関東ではレアな揚げせんべいが「おにぎりせんべい」だ。製造元は三重県伊勢市に本社と工場を置く株式会社マスヤ。ぼんち揚同様、甘辛い風味だが、こちらは平べったく、名前どおりおにぎりのようなカドの取れた三角形をしている。関東でも売られてはいるが、ほとんどが関西だ。

マスヤのホームページでも、「静岡以西（九州まで）の地区では大部分のスーパー・コンビニ様で取り扱っていただいておりますが、関東地区でお買い求めになられる皆様には大変ご迷惑をおかけしております」の記載がある。おにぎりせんべいもネット購入が可能になっているが、手軽な関西土産としてもおすすめだ。

関西でソースといえば「ウスターソース」だが、関東では違うって?!

大阪の食文化で、特筆すべきものが「粉モン」だ。現在は少なくなりつつあるが、かつてはどんな町内にも1軒や2軒、必ずたこ焼き屋かお好み焼き屋があった。関西人が東京へ行って驚くのは、この「粉モン屋」の少なさと、粉モンのほとんどがチェーン展開されていることだろう。

そんな粉モン料理に欠かせないのが「ソース」である。いや、粉モンだけでなく、関西人は料理の味付けとしてソースを多用する。焼き飯やオムライス、カレーライスにナポリタン、豚まんやシュウマイまでもソースをかけて食べる。これには関東人もビックリだ。

このソースだが、関西の**ウスターソース**に対し、関東は**中濃ソース**が主流だ。今でこそ中濃ソースも販売されているものの、関西人にとっては「何それ?」という感が否めない。関西で濃度の高いソースは**とんかつソース**なのである。

日本で初めてウスターソースを製造・販売したのは、神戸の阪神ソース。1885年のことだ。その後、大阪や神戸、東京、愛知でもソースメーカーが勃興(ぼっこう)。これら初期のソースは、すべてウスターソースだった。

濃度の高いソースは、1948年に神戸の道満調味料研究所（現オリバーソース）によって発明されたのを始まりとする。名前は「とんかつソース」である。一方、1964年に現在のキッコーマンが「中濃ソース」を発売する。これによって、関東では中濃ソース、関西ではとんかつソースとウスターソースの併用が普及したのだ。

このとんかつとウスターの併用が、如実に表れる料理がある。お好み焼きである。

現在は、その店独特の濃いソースを塗るところが多いが、町中にあるような小さな店では、とんかつとウスターのソースポットが二つ置かれていた。お好み焼きも店が焼くのではなく、生地を混ぜて自分で焼くスタイル。焼きあがったお好み焼きに、まずウスターを塗って染み込ませ、その上からとんかつ

ソースを塗るのだ。

店にウスターソースが置かれているといえば、関東人は串カツ屋を思い浮かべるかもしれない。深い金属製のバットになみなみと入ったソースの中に、二度漬け禁止で串カツを漬けるというのは全国でもおなじみだ。

しかし関西の大衆食堂や街中華の店では、必ずといっていいほどテーブルにソースが置かれている。これを自分の好みで出てきた料理にかけて、味を調整するのである。「それって、調理してくれた人に失礼なんじゃない？」と関東人は思うかもしれない。だが、関西人にとっては当たり前。

「それやったら、ラーメンにコショウ入れんなや！」

「焼き肉のたれにコチュジャン入れるな！」

そう反論されるのがオチだろう。

関東では「サワー」、関西では「チューハイ」と呼ぶのは？

関西から東京に出張に行き、いざ打ち上げへ。「レモンチューハイ」を飲もうとしたら、「ああ、レモンサワーですね」と言われる。こんな体験をした関西人は多いかもしれない。逆に、関東人が関西の居酒屋でサワーを頼み、「チューハイでんな」と言われた人もいるだろう。

今では居酒屋の多くで「**チューハイ**」と「**サワー**」はほぼ同じ意味で使われている。しかし実は、関東の「サワー」と関西の「チューハイ」は呼び名だけが違うのかといえば、そうでもない。本来は、チューハイは焼酎ベースのカクテル、サワーはスピリッツ（ジン、ウォッカなど）と酸っぱい果実を使ったカクテルと、まるで違うものを意味していたのだ。

歴史的に先に登場したのはチューハイで、洋酒が高価だった戦後、癖のある焼酎を飲みやすく炭酸で割った「焼酎ハイボール」が広まったのがきっかけだ。焼酎の「酎（チュー）」と、ハイボールの「ハイ」を組み合わせ、こう呼ばれるようになったという。しかも、発祥は東京下町の大衆酒場。「チューハイ」は関東から全国に広まったのである。

一方、関西では長らくチューハイ文化が根付かなかった。が、１９８４年にある革命的商品が誕生する。それが京都市伏見区の宝酒造と、大阪梅田の串カツ店「ヨネヤ」が共同開発した「純ハイ」だ。

この「純ハイ」が関西で人気を集め、さらに純ハイを使った「タカラｃａｎチューハイ」という日本初の缶チューハイが大ヒット。いつしか関西では、チューハイが居酒屋メニューの定番となっていったのである。

対して「サワー」は、1980年に目黒区の博水社が開発した「ハイサワー」のヒットが大きく影響しているという。当時、海外企業の参入で主力のジュース事業が低迷していた博水社は、新たな活路を見いだすため、焼酎などに混ぜるレモン果汁や炭酸が入った割り材を開発。ちなみに、ハイサワーのハイは「ハイボール」のハイではなく、当時の会長が「わが輩が作ったサワー」という意味で付けたそうだ。

これが大ヒットし、「サワー（酸っぱい）」という名前のキャッチーさも手伝って、焼酎を炭酸で割って果汁を加える飲み物も「サワー」と名付けられるようになった。関西で「サワー」があまり浸透していないのは、当時ハイサワーの販売エリアが関東中心にとどまっていたため、という説もある。

また、関西でなじみのない飲み物に「ホッピー」がある。関西人が、東京出張のついでに「ホッピーでも飲んでみよう」と頼んだはいいが、「ナカ・ソト」の意味がわからなかったという人も、サワー以上に多いのではないだろうか。

ホッピーは焼酎を「ナカ」、ホッピーを「ソト」と呼ぶ。近年は、関西でもホッピーを置く店はあるが、まだまだ浸透してはいない。

関西で鶏肉が「かしわ」と呼ばれる、もっともなわけ

関西を中心とする西日本では、鶏肉を「**かしわ**」と呼ぶことがある。この呼称は料理名にも付けられ、たとえば、だしで炊いたご飯に鶏肉やゴボウ、シイタケなどの具材を混ぜ込んだ福岡県の郷土料理「かしわめし」や、奈良県の「かしわのすき焼き」などがある。そのため「鶏肉＝かしわ」と思っている人もいるかもしれないが、それは誤った認識のようだ。

現在、鶏肉といえば一般的には「ブロイラー」と呼ばれるニワトリの肉を指すことが多い。ブロイラーとは、短期間で出荷できるよう品種改良された食肉用の若鶏のこと。アメリカを発祥とする白いニワトリで、日本では昭和40年代から普及するようになった。現在、スーパーや精肉店に流通している鶏肉の9割以上が、このブロイラーであるという。

一方「かしわ」はブロイラーとは大きく異なり、もとは在来種で茶褐色のニワトリを指す呼び名だった。このニワトリの色が茶色く変色した柏の葉に似ていることから、「かしわ」の名で呼ばれるようになったという。またニワトリが羽ばたきをす

る様子が、人が「かしわ手」を打っている姿に似ているために、その名が付いたとする説もある。ただ、なぜ鶏肉を別の名前で言い換える必要があったのか。

仏教の普及した日本では、「殺生（せっしょう）をしてはならない」という教えから獣肉食が敬遠された。それでも肉の美味を味わいたい人はいるもの。そこで彼らは世間の批判をかわすため、また罪悪感を消す目的で、肉に動物を連想させないよう別の名を付けた。つまり「かしわ」は「隠語」として用いられていたというのだ。

このような隠語はほかにも見られる。たとえば、馬肉は赤身部分が鮮やかな桜色をしていることから「**さくら**」、イノシシの肉は牡丹の花のように飾って盛り付けるため「**ぼたん**」と呼ばれ、現在でも使われている。

「かしわ」の名称はかつて全国的に使用されていたとされるが、現在ではほぼ西日本のみで用いられ、関東で「かしわ、100グラムください」と言っても通じない場合がある。その理由は、ブロイラーが鶏肉の主流となったためともいわれるが、東西の流行の違いもあると考えられる。

前述のように日本では獣肉食がタブー視されていたが、江戸時代の後半にもなると鶏肉はしだいに広まっていった。当時は水炊きにして食べるのが一般的だったが、19世紀半ばに成立した風俗誌『守貞漫稿（もりさだまんこう）』には「京都・大坂では〝かしわ〟が、江戸では〝しゃも〟が好まれている」という旨の記述が見られる。

「しゃも」とは闘鶏用の品種で、その名はシャム（現在のタイ）から持ち込まれたことに由来するという。こうした好みの違いもあり、「かしわ」の名称は関東で聞かれなくなったと考えられるのだ。

似ているようで実は別物！料理の名前あれこれ

関東と関西で同じようであっても、微妙に異なるものは存在する。料理でいえば「**ちらし寿司**」と「**バラ寿司**」である。

どちらもシャリと具を、握ったり押したりせずに調理した寿司だが、関東のちらし寿司は具をシャリの上に並べているのに対し、関西のバラ寿司は具をシャリに混ぜ込んでいるところが違う。名前どおり、ちらし寿司は具を「散らし」、バラ寿司はバラバラに混ぜているのだ。

また、散らしたり握ったり混ぜたりする具にも違いはある。ちらし寿司は生の海産物も使う。いうなれば、握っていない江戸前寿司である。しかし、バラ寿司はほとんど生ものを使わない。魚であっても、アナゴやウナギを焼いたものだ。これは、新鮮な魚が江戸湾から入手しやすかった江戸前と、そうではなかった大阪や京都の違いからといわれている。

シャリも味付けが違う。バラ寿司はみりんや砂糖をちらし寿司のシャリよりも比較的多く使い、甘い味に仕上げている。そもそも関西の寿司は、幕の内弁当のように芝居を見ながら、もしくは芝居の幕間（まくあい）に食べられていた。そのため、乾燥を防ぎ保存がきくように甘く味付けをしているのだ。

そんな関西の寿司は、握りではなく押し寿司が主流だった。具も火を入れたり、酢で締めたりしたもの。木箱にシャリを詰め、その上に具を並べ、ふたをして押す。この製造方法から、押し寿司を「箱寿司」と言ったりもする。

同じ名前で形の全く違うのが「**桜餅**」だ。関東の桜餅はクレープ状の皮であんを巻いたものだが、関西は餅の中にあんが入っている。また、関西の桜餅の餅は、もち米をあらびきした道明寺（どうみょうじ）粉が原料。それゆえ、関東風を墨田区にある長命寺（ちょうめいじ）の門前で売られたことから「長命寺」、関西風を「道明寺」といって区別することもある。

料理そのものは同じだが、添え物に違いのあるのが「**ざるそば**」だ。関東では薬味のネギとワサビ、そして刻みノリだが、関西ではウズラの卵を添える店もある。つゆに生卵を入れてかき混ぜ、そばを浸すのである。つまり、関西ではそばを少しだけつゆにつけるのではなく、どっぷりと浸してすするのだ。

そのため、関西のそばつゆは、関東に比べて薄味である。そして、関西風はそば湯が出ない。さらに言えば、関西にもりそばはない。つゆがかかっていない冷たいそばは、すべてざるそばなのだ。

「あさって」の次は「やのあさって」か？「しあさって」か？

「きょう、あす、あさって」と未来に向かって日を数えるとき、その次の日のことを何と呼んでいるだろう。答えはおおむね二つに分かれる。関西では「しあさって」

と表現する人が多いのに対し、関東では「やのあさって」と呼ばれることがある。ただ、関東でも東京都心部では「やのあさって」ではなく、関西と同じ「しあさって」である。

では「その翌日は？」といえば、関東では「しあさって」、東京都心部では「やのあさって」と呼ばれる傾向にある。このように東京都心部と関東地方とでは、「しあさって」と「やのあさって」が入れ替わって用いられているのだ。

なぜ、こうしたねじれが生じたのか。まず「しあさって」だが、これは「再来週、再来年」のように「次の」「さらに」を意味する「さ」が「あさって」に付いた「さ（再）あさって」が変化したことばとされる。

次に「やのあさって」だが、こちらは「弥の明後日」と書き、「弥」には「いよいよ、もっと」など、やはり「さらに」と同様の意味がある。つまり「しあさって」も「やのあさって」も、本来はともに「あさっての翌日」を示すことばだったのだ。そして「しあさって」は西日本、「やのあさって」は東日本と東西に分かれて分布していたとされる。

だが江戸時代に入ると、上方（かみがた）と深く交流していた江戸では西日本の「しあさって」が流入し、やがて「あさっての翌日」を意味することばとして普及していった。そとされる。

の結果、「やのあさって」は1日押し出され、「あさっての翌々日」の意味に転じた片や、江戸周辺の関東地方では上方の影響が限定的だったためか、従来の「やのあさって」がそのまま用いられた。そして「しあさって」は「あさっての翌々日」を意味することばとして、江戸とズレた形で取り入れられたというのだ。

なお関西では「あさっての翌々日」は「ごあさって」と呼ばれており、「やのあさって」は用いられていない。「ごあさって」は「五明後日」と書かれ、これは「しあさって」の「し」を「きょう」から数えて「〝四〟日目」であることを意識したことばと考えられる。ただし、現代では「五明後日」が使われることはほとんどない。

日の数え方だけではなく、時間の呼び方でも東西で違いが見られる。別の項目でも取り上げているが、関東では1時間の半分を「30分」と呼び、関西では「半時間」と称する。

江戸時代では1時間の半分を「四半時・四半刻」と呼んでいたが、明治期に入ると西洋式の時報が採用され「30分」の呼称が登場。だが旧来の四半時の概念が残っていたためか、さほど定着せず、昭和初期までは全国的に「半時間」と呼ばれていたようだ。

ただ戦後になると、関東では生活の欧米化が進み「30分」が浸透していく。一方の関西では関東ほど普及しなかったため、「半時間」の呼称が用いられ続けたと考えられている。

父親は「おとん」であり、「おっちゃん」「おっさん」でもある！

関東で「おじさん」「おばさん」といえば、両親のきょうだい以外では、中高年の男性・女性を指す。関西では「おっさん・おばはん」、少し丁寧に言えば「おっちゃん・おばちゃん」だ。

しかし、関西では「叔父・伯父」以外の人も「おっさん・おっちゃん」と呼ぶことがある。それは自分や知人の父親のことである。

そのため、関西人が「うちのおっさん（父親）なぁ」と語るのを関東人が聞けば、「え？　誰のこと？」と思ってしまうだろう。さらに「自分とこのおっちゃん（君の父親）なぁ」と言われると、「自分とこ？　君のところのおじさん？」と混乱するかもしれない。関西で自分はあなたの意味だから、僕のところのおじさん？　いやいや、関西

関西人が、自身の父親のことを「**おとん**」と呼ぶのは、全国的にもよく知られて

いるだろう。だが、この「おっさん」の正しい使い方を知る人は少ないのではないだろうか。

関西では、父親を含め、年上の男性は「**おっちゃん**」。「おっちゃん、これなんぼ?」「おっちゃん、こんなとこで寝てたら風邪ひくで」と用いる。

「**おっさん**」は相手を見下している場合に使い、「なんやねん、おっさん!」「おっさん、何ぬかしとんじゃ!」というふうに言う。

ただし、女性は自分の父親を「おっさん」とは言わない。「お父ちゃん」か「お父さん」だ。しかし、「○○ちゃんとこのおっちゃんなぁ」と、相手の父親に対しては同じで、年上の男性も「おっちゃん」。「おっさん」はやはり「おっさん、変なとこいらいなや!(変なところ触るな!)」というふうに、蔑称(べっしょう)として用いる。

しかし、「おばはん・おばちゃん」の場合は異な

り、男性も女性も母親を「おばはん」とはあまり言わない。「おかん」か「おかあちゃん」「おかあさん」だ。

ただ、他人の母親や年上の女性は「**おばちゃん**」で、蔑称は「**おばはん**」となる。ならば、「おじ・おば」の場合はどうかというと、「おっちゃん・おばちゃん」なので、このあたりは会話の状況などで判断するしかない。

また、「おっさん」「おばはん」には蔑称以外の使い方もある。それは、自分の配偶者を指すときだ。

妻なら「おばはん」、夫なら「おっさん」。「うちのおばはん、最近、よう家空けるんや」とか、「うちのおっさん、休みの日は一日中、ゴルフしてる」と人に話す。

なぜ関西では「大丸京都店」を「だいまるきょうとみせ」と呼ぶ？

同じ字を使い、同じ意味があっても、関東と関西で読み方の違う文字がある。一つは百貨店の「○○店」だ。

関東をはじめ全国では「○○店」を「○○てん」と読むのが一般的だが、関西の百貨店の中には「てん」ではなく「○○みせ」と発音することがある。

実際、大丸松坂屋百貨店が運営する大丸京都店は「**みせ**」と呼ばれており、大阪の心斎橋店・梅田店、そして神戸店も「みせ」。一方、大丸東京店や札幌店は「てん」である。また髙島屋は関西地区でも「てん」だが、一部の客や社員は「京都みせ」「大阪みせ」と呼んでいるという。

大丸の元社員が戦前に記した回顧録では、1900年頃の記述に「大阪店(みせ)」「兵庫店(みせ)」とルビが振られている。このことから、「みせ」が昔から用いられた読み方であるのは間違いない。それゆえほかの百貨店も、もとは「みせ」と呼んでいたのではないかと推測される。

そもそも「店」ということばは、中世に用いられていた「見世棚(みせだな)」に由来するという。見世棚とは、商品を陳列する台やその場所を指す。これが江戸時代になると、規模が小さく簡素な商店は「見世」、大型で本格的なつくりの商店は「棚」と分けて使われるようになった。そして、この「みせ」と「たな」の両方に当てられた漢字が「店」であったというわけだ。

では「**てん**」はいつ、どのようなきっかけで登場したのだろう。一説では明治時代の中頃、東京上野の松坂屋が店名を「松坂屋いとう呉服店(てん)」と名付けたのが始まりとされる。

当時は先述の「たな」や「みせ」の呼称が一般的で、店を「てん」と読むことはほぼなかったようだ。そのため「てん」は、斬新で近代的な発音だと話題になり、やがて全国に普及していったという。一方で、関西、特に歴史や伝統を重んじる京都では、「みせ」の読み方が残されたと考えられる。

ところで「百貨店」という呼称は「デパート」という言い方もされる。デパートは英語の「department store」が略されたもので、「department」とは「部門」の意。つまりデパートとは「商品の部門ごとに分かれた売り場」の意味で、これは明治後期にもたらされたことばだ。「百貨店」はその訳語である。

つまり、両者の意味は同じなのだが、この呼称にも東西で違いが見られ、関西では「百貨店」、関東では「デパート」と呼ばれる傾向がある。ただし百貨店（デパート）の地下階にある食料品売り場の通称は、共通して「デパ地下」と呼ばれている。

関西人が戸惑う、関東の「グリーン車」という名の車両

関西人が東京の鉄道で驚くのは、在来線の普通列車にグリーン車があることだ。「グリーン車ちゅうくらいやさかい、座席指定でゆったりと座れるんやろな」と期待

するが、座席指定はなく、必ず座れるとも限らない。これにもまた驚いてしまう。もちろん払い戻しはあるが、「そんなん、手間かかってしゃあないやんけ！」と、気の短い関西人は感じてしまう。

実は国鉄時代の１９８０年まで、京阪神地区でも通勤列車にグリーン車が接続されていた。関西で廃止されたのは、乗客に追加料金の支払いを嫌がられたからだという。

到着する時間は変わらないのに、わざわざ余分なお金を出してまでグリーン車に乗るのはもったいない。多少の快適さよりも安さを追求するという、関西の金銭感覚がここでも発揮されたのだ。

また関西のＪＲは、ほとんど私鉄と並走している。国鉄時代は料金も私鉄のほうが安く、時間もさほど変わらない。場合によっては私鉄のほうが早く着く。私鉄に対抗しようとした国鉄は快適さを重視するため、遠距離運行の車両にはロングシートではなく転換クロスシート（背もたれ部分が回転するシート）を採用。となれば、グリーン車に乗る必要はなくなる。

このような理由から、関西の在来線にグリーン車は存在しないのだ。

関西のＪＲと関東のＪＲで異なる車両は、ほかにもある。その名も「新快速」。最高時速130キロというスピードを誇り、通勤に重宝されている。JR東日本には「特別快速」という列車は存在するものの、新快速ほど速くはない。その理由は、JR東日本の路線にはカーブが多く、高速運転ができるところが少ないからだ。

さらに建物が多い地域を走るため、減速する必要がある場所も多い。そのうえ、通勤ラッシュの時間は人数がとんでもなく多いため、速度を上げるより電車の本数を最大限に増やすほうが求められた。

またグリーン車と同じく、私鉄との並行路線が多いというのも関西のJRが新快速を走らせている理由である。特急並みのスピードで乗車時間が短く、しかも特別料金はなし。大阪から三宮(さんのみや)間で比べると、阪急(大阪梅田〜神戸三宮)の特急で約27分のところ、新快速(大阪〜三ノ宮(さんのみや))なら約22分。5分ほど短縮される。運賃はJRが410円、阪急が320円と90円も差はあるが。

同じ地名でも、大阪と東京では全く違う場所とは

大阪人が東京に行って驚くのは、特色のある場所が多いことだ。銀座と北新地はよく比較されるが、クラブやラウンジはともかくとして、そのほかは格式が全く違

う。日本橋と秋葉原は規模が違うし、浅草と新世界も比べ物にならない。そして、大阪に六本木や青山に相当する場所はない。

そんな大阪と東京には、同じ地名のところがある。一つは「**京橋**」だ。

東京の京橋といえば銀座にも隣接し、味の素や清水建設、ブリヂストンなどの大企業も本社を置くオフィス街である。日本で唯一の国立映画機関である国立映画アーカイブもあり、京橋エドグランという複合施設も立地している。まさにビジネスや文化の花咲くエリアといっても過言ではないだろう。

一方、大阪の「京橋」は、大阪でも有数の繁華街だ。ただ、キタやミナミと異なるのは、誰もが遊びに行ける雰囲気ではない。居酒屋や立ち飲み屋が軒を連ね、昼間から泥酔している酔っ払いも多く見かける。風俗業も盛んで、デリヘル、ホテヘル、ピンサロにセクキャバと、「なんでも来い！」状態になっている。

さらに、特徴あるCMで有名なレジャービル「グランシャトー」も京橋だ。かつては中小の消費者金融が櫛比していたが、法律の改正で法定金利が低くなってから、そのほとんどは姿を消している。

このように、同じ地名でも京橋は大阪と東京とでは全く異なる。同じように異なるのが「**港区**」だ。

東京の港区は「都心3区」の一つであり、六本木、赤坂、青山、麻布に白金台など、大阪人のみならず、全国民が名前を聞いただけでイメージのわく地名が並ぶ。大手企業の本社や民放テレビのキー局もすべてが港区にあり、駐日大使館の半数以上が集まっている。東京タワーがそびえ立つのも港区だ。

大阪の港区は、その名のとおりの港町で、湾岸には港湾（こうわん）関係の企業が多い。ＪＲの弁天町駅前には高層ビル群が建ち、天保山（てんぽうざん）ハーバービレッジや築港赤レンガ倉庫といった観光施設もあるが、どちらかといえば落ち着いたエリアで、下町情緒もある。東京の港区とは、比べるものが違う。

東京の港区には「港区女子」なるものが生息し、夜な夜な六本木などに繰り出して、派手な生活を送っているという。関東人が関西に来て女性と知り合い、「うち、港区に住んでんねん」と言ったとしても、東京とは全く異なる「港区」なので安心（？）してほしい。

7 どあほ、どけち、どすけべ…負のワードに付く「ど」の法則！

地元民にもタメになる?! 関西弁講座

人名に「さん」を付けるか、「はん」を付けるか。それが問題だ

関東では人の名前を呼ぶ際には、「～さん」の敬称を付けるのが一般的だ。だが、大阪や京都では「吉田はん」「田中はん」など「～はん」という関西独自の敬称が用いられることがある。

そのため「名前に『はん』を付けると関西風に変化する」と考えがちだが、どんな名前にも「はん」を適用すればいいというわけではない。実は「はん」の付け方には、次のような法則性が存在するという。

まず、「名前の最後の音がイ段・ウ段・ンの場合は〝さん〟のまま」、そして「ア段・エ段・オ段の場合は〝**はん**〟に変化」するのである。この法則に従うと、名前の最後がイ段の「鈴木」であれば「鈴木さん」となり、ア段の「山田」では「山田はん」となる。同様に、後藤は「後藤さん」で菅(かん)は「菅さん」、福江は「福江はん」で、横尾は「横尾はん」だ。

たとえば、大阪を舞台にした小説などでは長女を「いとさん」、末娘を「こいとさん」と呼ぶが、法則では「いとはん」「こいとはん」。ただ後者は「と」が抜けて縮

まった呼称となる場合は「こいさん」となる。ちなみに「いとはん」の「いと」は「愛しい」に由来する大阪の船場ことばで、主に商家の娘を指す。「こいとはん」は「小さいいとはん」の略だ。

　また関西人は寺社仏閣に敬称を付ける習慣があるが、このケースでも先の法則は適用され、ウ段で終わる京都の「清水寺」なら「清水さん」。逆にア段で終わる大阪の「生國魂神社」であれば「生國魂はん」と呼ぶことが多い。また「おばさん」を「おばはん」と言えるのも「おば」がア段で終わるためと考えられ、イ段で終わる「おじさん」を「おじはん」と呼ぶことはない。

　しかし、この法則には例外もある。名前の最後がハ行の「ハ・ヘ・ホ」であれば、本来なら「はん」だが、ハ行が重なり耳障りとなる。そのため「さん」にすべきであるという。たとえば、大手楽器メーカ

ーの「ヤマハ」であれば「ヤマハはん」より「ヤマハさん」のほうが言いやすいというわけだ。

ただ、これらは確実な決まり事というわけではない。実際、法則を主張した一人である劇作家の香村菊雄氏も『マッイさん』を『マッイはん』という場合があると記しているので、あくまで一つの目安と考えたほうがいいだろう。

なお、大阪と京都を結ぶ京阪電気鉄道には「おけいはん」というイメージキャラクターが存在する。こちらは法則に従えば「おけいはん」ではなく「おけいさん」だ。だが、これは「京阪電車に親しみを持ち、好きになってほしい」という趣旨からことばの法則とは切り離して考えたネーミングであるという。

関西弁の敬語、ほかの地域で誤解を招くことがあるって?!

ビジネスシーンや目上の人との会話で、非常に神経を使うのが「敬語」だ。たとえば「聞く」でも、「お聞きになる」と「おたずねになる」は、どっちが正しいのか……など、シーンによって用途が分かれ、迷うことが多い。

しかも、方言における敬語は地域によって違いがある。一番シンプルなのが関西弁だ。なぜなら動詞の未然形に「**はる**」を付ければ、だいたい敬語として通用するからだ。「召し上がる」「申された」「お越しになられた」などの敬語は、「食べはる」「言わはった」「来はった」と「はる」を付けるだけで、相手を敬(うやま)う感じが出る。

関西でも特に「はる」の出番が多いのが、京都だ。

尊敬だけでなく美化語として「はる」を使う傾向があり、「ネコが気持ち良さそうに寝てはる」「お月さんが出てはる」というふうに、人だけでなく動物や物、自然現象にも「はる」を使う。さらには「康子ちゃん、いけずしはんねん」など、友達の意地悪を誰かに言いつけるときまで活用する傾向がある。

しかし、これを全国のビジネスシーンで活用するのは危険だ。前述したとおり、敬語には地域性がある。「社長、これ食べはりますか?」と敬語のつもりで言えば、馴(な)れ馴れしいと受け取られることは多いだろう。

こういった「敬語のつもりが他県では通用しない」という関西弁は多く、特にさまざまな地域から人が集まる東京では、注意が必要だ。

たとえば「でしょう?」を使った確認。「これを持って行けばいいんでしょう?」は、関西では「持って行ったらええんやろ?」で、敬語表現は関東では「持って行けばいいのでしょうか?」だが、関西では「持って行ったらええんやろか?」と、ほぼ同じ表現になってしまい、誤解を招くことがあるのだ。

「ねん」は、いかにして関西人に必要不可欠な語尾になったか

関西弁の中には、会話の最後に付け足すだけで、言われた印象が変わってくる不思議な語尾がある。それが「おかしいねん」「今から帰るねん」などの「**ねん**」である。「ねん」は、関西人ならほぼすべての人が使うと言っても過言ではないほど、使用頻度が高く、かつさまざまな用法を持つ。この「ねん」の具体的な効果は、「ことばの雰囲気を和（やわ）らげること」である。

たとえば「小銭持ってない？」とたずねたとき、関東の人なら「ないよ」と、ほぼ言い切ってしまうだろう。関西人は、そう言われると冷たく突き放された気持ちになるが、「ないねん」と言われると、同じ「ノー」でも印象はずっと和らぎ、「持っていなくて申し訳ない」という気持ちが伝わってくる。

また「それしたらアカン（それをやってはダメ）」より「アカンねん」のほうが穏やかな表現になる。

では、なぜ語尾に「ねん」を付けると、穏やかになるのか。「ねん」は「のや」が

ルーツで、これが「ねや」→「ねん」に転じたとされる。

「のや」は、「雨が降っていたのだ」「残業があったんだ」の「のだ」「んだ」に該当する。この「のだ」は、自分が知っていることや話し手の事情を「実は○○なのです」というように、相手に打ち明ける表現でもある。そのためにことばの雰囲気が穏やかになり、聞き手に親しみを感じさせる効果が生じるというのである。

かつて大阪の商家では、商品が品切れであったとき、使用人に「おまへん」ではなく「おまへんねん」と「ねん」を付けるよう教育していたとされ、「ことばに〝ねん〟が足らんのは気持ちに〝念〟が足らんのや」などと諭したという。

また「ねん」には、話し手の心情を強く表すはたらきもあり、「うち、知ってるねん」という言い方をすると、「知ってる」よりも、内緒の気持ちが強調されているのがわかる。また「まだ、眠たいねん」「もっと酒飲みたいねん」など、自分の欲求に「ねん」を足すと、相手に訴える力が強くなる効果がある。もっともこれが聞き入れられるかどうかは、別の話だが。

さらに「今から遊びにいくねん」「掃除するねん」などの「ねん」には、自分がこれから起こす行動をアピールする気持ちが表現されている。ほかにも「やればできるねん」の「ねん」には、話し手自身がことばにすることで物事を再認識するはたらきがある。

ちなみに関西弁では「行った」、「あった」などの過去形を、「行ってん」と表現することがあるが、この「てん」も「行った」の「た」を「ねん」のenの音とつないで表したものであるという。

このように「ねん」の用法は実に多岐にわたっており、関西人にとってなくてはならないワードであることがわかるだろう。

「ようは行かん」「よう食べん」…強調だけではない「よう」の用法とは

「よう」といっても、「よう、元気か!」という呼びかけではなく、ラップで用いられる「Yoh!」でもない。関西での「**よう**」は「すごく」や「よく」という意味の強調語だ。つまり、「すごく食べる」は「よう食べる」、「よく走る」は「よう走る」、「よくお出でくださいました」は「ようお越し」となり、褒めるときには「よう、やった!」である。

しかし「よう」には、ほかにもさまざまな意味がある。たとえば「東京にはよう行くの」という問いに対して「ようは行かん」と答えられた場合、「頻繁には行っていない」という意味となる。

「よう行くの」＝「よく行くの」は誤りではないが、「ようは行かん」と「よくは行かない」は、若干ニュアンスが異なる。この場合の「よう」は「あまり」に近く、また「よう行く?」の「よう」を、そのまま受けた返答といえる。だからこそ、「ようは」と助詞の「は」が入っているのだ。

このように「よう」は、必ずしもよい意味での強調ばかりに使われるわけではない。特に否定文で用いられる「よう」は、限界も表現する。「よう食べん」は「もう食べられない」、「よう走らん」は「もう走れない」、「ようせん」は「もうできない」の意味となるのだ。

さらに、同じ「よう食べん」には「（満腹で）食べられない」と「（嫌いで）食べられない」といった意味も含まれる。「よう走らん」には体力的な限界のほ

かに、「長距離は走れない」といった能力、「足が痛い」という機能的な事情、「汗をかきたくない」という個人的な理由などが挙げられる。

この限界や能力、事情の見極めが関東の人には難しいかもしれない。

食事に行って料理を平らげ、「最後にデザートでもどう？」とたずねたとき、「ウチ、よう食べん」と言われたとする。この場合、満腹状態にあるか、もしくは甘いものが嫌いかのどちらかだろう。焼き肉店に誘って「よう行かん」の場合なら「このあと、別の人と会うからにおいが付いたら困る」という事情が存在するかもしれない。

ただ、満腹の場合は「もう、よう食べん」と告げられることが多いので、「もう」があるかないかで判断はできる。

どあほ、どけち、どすけべ…負のワードに付く「ど」の法則！

1970年から1976年まで「少年ジャンプ」で連載され、アニメでも好評を博したのが『ど根性ガエル』だ。シャツに張り付いたカエルのピョン吉が、しゃべったり、泣いたり笑ったり、ケンカをしたり、「根性」でシャツを着た主人公のひろしを引っ張ったり、ひろしと別行動をとったりする。

この「ど根性」の「ど」は強調であり、「ど真ん中」や「ど迫力」など、全国的に使われる語である。しかし関西での「ど」は、あまりいい意味で使われないことが多い。ドラマでの脅し文句などでよく聞くフレーズ「どたま、かちわっちゃろか！」は、非常にわかりやすい例だ。

「どたま」は「ど頭」の略、つまり「頭」を強調しているのだが、「あの子はどたまがいい」とは言わない。活用できるシーンは罵りの場のみである。そのほかにも、「どあほ」「どけち」「どくされ」など、挙げるだけでハードなケンカが始まりそうだ。言われた相手も「えげつないこと言うなあ」と返すしかない。関東で言おうものなら「怖い！」「ひどい！」と眉をひそめられることだろう。

そもそも、この「ど」は大阪発祥の語とされる。大阪のケンカは、手ではなく口でするもの。そのため、罵りことばが多く生まれ、ケンカことばの「ど」もそのうちの一つとされる。

また、関西から関東に「ど」が伝わったときに「どす黒い」などの「どす」に変化し、それがふたたび「ど」になったという説、浄瑠璃や歌舞伎の世界で用いられる「どう」が変化して「どん尻」などの「どん」や「ど」になったという説もある。

つまり「ど」は、もともとがネガティブな意味であり、「ど根性」のように「超」を表す語として使われるのは、後になってから。特に「ど真ん中」は、関東で「まん真ん中」と言われていた。しかし今では、「まん真ん中」と言う人はほとんどおらず、「ど真ん中」のほうが市民権を得ている。

関東で「超」を意味する「ど」が広まったのには、別の説もある。「超弩級（どきゅう）」の「ど」だ。1906年にイギリス海軍が建造した戦艦「ドレッドノート」は、大型かつ他を圧倒する性能を有したため「弩級艦」と呼ばれた。その後、ドレッドノートを超える戦艦を「超弩級」と呼び、この「ど」が優れたものを強調する意味で用いられたとされる。

関東でも「どすけべ」や「ど素人（しろうと）」のように、良くない意味の強調で用いられることはあるし、関西も同様だ。ただ、やはり発祥の地というだけあって、関西のほうが悪い意味での使用頻度は高そうだ。

「起きろ」ではなく「起きぃ」、「見ろ」ではなく「見ぃ」と言うのは？

人にある行為を命じる場合、標準的な言い方は「寝ろ」「起きろ」「見ろ」のように、「ろ」が付くことが多い。しかし関西の場合は、もう少し柔らかで、「寝ぇ」「起きぃ」「見ぃ」と言ったふうに、母音を伸ばすことで命令を示す。

たとえば、「早く起きろ」は「早よ起きぃ」、「しっかり見ろ」は「しっかり見ぃ」というふうに、だ。

そもそも、関西は動詞の連用形をそのまま命令の意味に使うのだが、これは「～なさい」が省略されていった結果だという説がある。

たとえば「早よ起きぃ」は「早よ起き」と、語尾を伸ばさずとも、十分命令として通用する。ただ、このままだと少々きつく聞こえてしまうので、語尾を少し伸ばすことで和らげるのだ。つまり、命令というよりも、やんわりと相手に頼みたいときに語尾を伸ばす感覚である。

そして、同じ語尾を伸ばす場合でも、イントネーションで差が出てくるので気をつけたい。「起きぃ

ー」と少し上げて言うと弱い表現になるが、「起きぃ」と下げて言うと強い表現になるからだ。

語尾伸ばしの語を全部入れると、「早よ起きぃ、目ぇさましぃ。今日もあつぅなるでぇ」となり、よく言えばやんわり、悪く言えば間延びした響きの会話となる。

この「やんわり」こそ、関西弁の特徴と言えるだろう。関東は逆で、子音をはっきり発音する。江戸っ子の歯切れの良い会話はその最たるものだ。

ただ、関西の命令形が常に穏やかなのかといえば、年齢層やシーンによって変わってくる。「起きぃ」ではなく「起きんかいな」のほうが強い意志を示し、すごくイライラしているときは「起きぃや」「起きさらせ」などとなる。依頼や命令を受けたときは、語尾が伸びている間に対処しよう。

命令が柔らかく伝わる魔法の「な」とは

関西弁の命令形には、語尾を伸ばすほかにも特徴がある。それは「**な**」を付けるということだ。関東でいえば「よ」に近いかもしれない。

最近、学校や職場で教えられることが多い表現に「クッションことば」というものがある。これは、「申し訳ありませんが」や「悪いけど」などを付け加えることで、命令文や依頼文を柔らかくするのだ。

近年は、より慎重かつ相手を尊重したことば遣いが求められており、「あの書類、今月中に完成させて」より「完成させてな」や「出かけるから、おもちゃ片付けて」より「片付けてな」のほうが命令は柔らかくなる。

また、「な」を付けることで、相手の感情にも訴えかける効果があるとも考えられる。単に「出かけるから、おもちゃ片付けて」だけだと、なんとなく「出かける」というこちらの都合だけを伝えて行動を促す、無機質なことばに聞こえてしまう。そこを「片付けてな」と「な」を付けることにより「すまないけど、頼む」という気持ちを付け加えているのだ。

さらに「な」には、対人関係での衝突を避けたいという気持ちも含まれている。

これまで述べたとおり、関西人は相手との親密さや関係性を大事にする傾向がある。そのうえ、オノマトペやオーバーな表現を用いて相手と良好な関係を築こうとしたり、失敗や欠点などを笑いとして昇華することで親近感を持ってもらおうと試みたりする。

それは、この「な」も例外ではない。命令や依頼を相手の感情にも訴えかけることで、一方通行のコミュニケーションにならないようにしているのだ。

関東では、「今月中に完成させてよ」「おもちゃを片付けてよ」と「よ」を用いる。

しかし、この「よ」は念押しや強調のニュアンスが強く、「な」よりも一方的なコミュニケーションになってしまっている感は否めない。相手との関係性よりも、要件・命令の達成に重きが置かれている感じだ。

かといって、関東人にとっては「な」は使い勝手が悪いだろうから、「よぉ」と語尾を伸ばすのがいいかもしれない。

関西弁では「たら」「れば」は「たら」で統一される！

「もっと早く起きればよかった」と「もっと早く起きたらよかった」。

あなたは、どちらの表現に違和感を持つだろうか？　ある調査によると、東京の若者の90％以上が「起きれば」を支持したという。

では「もし、火事になれば」と「もし、火事になったら」の場合は、どうだろか。

こちらでは全員が「なったら」を選んだ。しかし大阪の若者は、どちらも圧倒的に「たら」を選択したという。

条件の仮定表現である「**たら**」と「**れば**」の区別は難しい。一般的には、「たら」は動作や出来事が順番に起こる際に使われ、「れば」は期待が込められているという。つまり、「タクシーに乗ったら早く着く」は「この場所からタクシーに乗る→歩くよりも早く到着する」という「乗る」と「到着」の時系列を示し、「タクシーに乗れば早く着く」は「今の状況なら、タクシーに乗ると電車よりも早く着くかもしれない」という期待が込められているのだ。

しかし関西人は、「れば」を使わず、もっぱら「たら」を使う。「歩くよりタクシーに乗ったら早よ着くで」という確実性のある意味も、「タクシーに乗ったら、なんぼか早よ着くんちゃうん」という不確実な期待の意味も同じだ。なお、この場合の「なんぼ」は「おっちゃん、これなんぼ?」という価格ではなく、「幾分」「多少」という量を示す。

このように、肯定表現の「たら」は単純明快だ。しかし、否定形となるとバリエーションが豊富になる。

「食べなかったら」の同義語は「食べへんかったら」「食べんかったら」「食べなんだら」「食べへんなんだら」などがあり、地域や年代などで使い分けられている。

また状況によっても分けられ、「食べへんかったら」よりも「食べんかったら」のほうが否定の意味が強く、「食べへんかったら」は「野菜、食べへんかったらアカンよ」と軽い忠告となるが、「野菜、食べへんかったら、えらいことになるで！」と叱責（しっせき）や命令の表現になることが多い。

標準語には「たら・れば」のほかに、「タクシーに乗るのなら早く着く」の「なら」、「タクシーに乗ると早く着く」の「と」という表現もある。この場合も、関西ではすべて「たら」。条件表現は、関西よりも関東のほうが細かいのだ。

関西人でも間違える京都弁の「はんなり」の意味

シックな装いの京都の女性が、優雅に鴨川の川べりを歩いている。そんな姿を見て、関東の人が「はんなりされてますねぇ」と声をかけたとしよう。すると女性は、怪訝（けげん）な表情を浮かべるはずだ。

この「**はんなり**」ということばは、実は関西でも意味を取り違えている人は多い。おっとりとした柔らかなイメージを抱きがちだが、「明るく上品で華やかな姿」という意味なのだ。

由来については、「華やか」を表す「華あり」、もしくは晴れ空の「晴れなり」が訛ったともいわれているが、正確な由来は不明。当初は着物の色合いが華やかなことを表していたが、やがて陽気な様子や人物を指すことばに変化。かつては大阪でも使われていたことがあり、古い船場ことばでは「はんなら」といった。

柔らかな様子と誤用されるのは、京都のイメージに引っ張られたからだと考えられる。町も文化も風流なので、「はんなり」の意味も柔らかで優雅と誤解されたようだ。京都や大阪といった上方で使われだした歴史は古く、中世後期以降の資料に例が見られるという。

同じように誤った意味で伝わっているのが「**ほっこり**」だ。今や全国区のことばとなっているが、発祥は京都。「ほっこりとした雰囲気」「心がほっこりする」、もしくは「ほっこりとした焼きイモ」「ほっこりとした赤ちゃん」のように使われるが、本来は「疲れた」の意味で、それも適度な運動で汗をかくような「心地よい疲れ」を指した。

語源は「ものを焼く」を意味する「ほこる」から。身体を動かすと体温が上がり温かな気分になることから、「ほっこりする」ということばが生まれたといわれている。ちなみに関西では、炭の火をおこすことを「いこす」といい、火がついて赤くなった状態は「いこる」という。

「はんなり」も「ほっこり」も方言だったことばがメディアなどの情報として広まり、誤った意味で伝わったのだろう。

ただし、阪急電鉄嵐山線嵐山駅の商業施設は「はんなり・ほっこりスクエア」といい、明るく華やかではあるが、心地よい疲れが得られるかどうかは疑問だ。機会があれば、ご自身で確かめていただきたい。

「おこしやす」と「おいでやす」ではどちらがより丁寧か?

京都弁には「いらっしゃいませ」を表すことばが複数ある。そのうち、代表的なものが「**おこしやす**」と「**おいでやす**」だ。

この二つは、どちらも家庭や商店などでの挨拶に使われるが、「おこしやす」と「おいでやす」は少しニュアンスが違う。ざっくり言うと、「おこしやす」は店の常連さんや予約している人などに対する挨拶で、「おいでやす」は家庭の挨拶や、初めて来る「一見(いちげん)さん」に対する挨拶になる。つまり「おこしやす」のほうが、より丁寧なのだ。

ちょっと面白いのは、祇園(ぎおん)には「おこしやす」と書いた看板がいくつか見られること。これは、ていねいなことばで観光客をもてなし、京都にようこそおこしくださった、と呼びかける意味だと推測される。

また、かつては銭湯の番台でも「おいでやす」の挨拶が使われたという。興味深いのは、来る客にも帰る客にも「おいでやす」が使われたということだ。帰る客に対するものは「また、おいでやす」が省略されたのだろう。

そのほかにも、「いらっしゃいませ」を表す挨拶には、最高にていねいな敬語「おこしやしとくれやす」をはじめとして、「ようおこし」「よう来とくれやした」「ようこそおいでやした」などがある。

京都には、状況に合わせて、実に多くの「いらっしゃいませ」の表現があるのだ。これは、京都人が対人関係において、状況に応じてきめ細かく対応を変えることの表れだと考えられる。

京都弁は、可愛らしく響くことばだといわれることが多い。事実、柔らかくて「はんなり」（陽気で上品な明るさ）としたことば遣いは、京都のイメージを上げている。しかし、これまで説明したとおり、京都では挨拶一つとっても、かなり高度な駆け引きが行われているといえる。

つまり、関東の人が京都に行ったとき、挨拶の違いで自分が相手にどう思われているかもわかるわけだ。さらに言えば、初めて行った店で「おこしやす」と言われた場合、過度なもてなしか、もしくは経営者などが地元の人でない可能性もある。京都の挨拶には、京都人の人間関係の機微が詰まっているともいえるのだ。

京都人の言う「先の戦争」は決して「応仁の乱」のことではない！

関東の人のみならず、関西やほかの地域の人も、こんな話を耳にしたことはないだろうか。

「京都で『先の戦争』といえば、応仁の乱を指す」

全国的に「先の戦争」といえば、もちろん太平洋戦争のことだ。しかし、多くの都市が大規模な空襲を受けたにもかかわらず、京都は被害を免れた。そのために、このような話が広まったのだろう。しかし、京都も空襲に遭っているし、それ以前でも街中が焼き尽くされるような戦乱に遭遇している。

応仁の乱は室町時代末期、１４６７年に起きた戦いだ。京都市中が戦場となり、約11年間にわたって戦乱が繰り広げられた。そのため、京都の町は壊滅的な被害を受け、灰燼に帰したといわれている。ちなみに、織物で有名な京都の「西陣」は、山名宗全率いる西軍が本陣を置いたことに由来する。

この応仁の乱よりも大きな被害を被ったとされるのが「天文法華の乱」だ。１５３６年、守護・六角定頼によって法華宗（日蓮宗）寺院が焼き討ちにあったこの戦いは、下京（南半）の全域と上京（北半）の3分の1を焼いたとされる。そして、幕末時代の１８６４年に起きたのが「禁門の変」だ。

尊王攘夷のスローガンを掲げ、討幕をもくろむ長州藩だったが、会津藩や薩摩藩らの主導による「八月十八日の政変」の結果、京都を追放される。失地回復を狙う長州藩は、会津藩主で京都守護職の松平容保らの排除を目指して挙兵。京都御所へと進軍する。そして御所の西側にある「蛤御門」で桑名・会津藩の兵と衝突。薩摩藩の援軍もあり、長州藩は敗退した。

落ちのびる長州勢は長州藩屋敷に火を放ち、会津勢も長州藩士が隠れているとされた中立売御門付近の家屋を攻撃。このときに上がった火を火元とする大火によって、京都市中は約2万7000もの多くの世帯が焼失する。この大火を「どんどん焼け」という。

太平洋戦争中も、東京や大阪、神戸などの都市と比較すれば小規模ながら、5度にわたって空襲を受けて死者は出ているし、もちろん出征地で戦死した京都の人もいる。つまり、京都でも太平洋戦争は、忘れることのできない戦争であることは変わりない。

したがって、応仁の乱云々の逸話は、古い町並みが残る京都を特別視するための大げさな表現といわざるを得ない。しかも、本当に京都の人が、そんなことを口にしたかどうかの確証もない。

「京都の人は、応仁の乱のことを『先の戦争』って言うんでしょ?」と軽々しく口にすれば、顰蹙を買うか、鼻であしらわれるのがオチだ。

「ヤンキー」という俗語の発祥は大阪だった

不良を意味することばの「ヤンキー」が、全国的に使われはじめたのは1990

年前後のことである。それまでは、彼らは主に「ツッパリ」と呼ばれており、1980年にデビューした横浜銀蝿のヒット曲も『ツッパリHigh School Rock'n Roll』だった。

しかし大阪では、この「ヤンキー」ということばがすでに存在していて、上田正樹と有山淳司によるアルバム『ぼちぼちいこか』（1975年）に収録されている『Come on おばはん』には「しかめっ面(つら)のヤンキーのあんちゃん」という歌詞があり、嘉門達夫(かもんたつお)が1983年に自主制作したのが『ヤンキーの兄ちゃんのうた』だった。つまり、現在の意味で使われるヤンキーは、大阪発祥なのである。

そもそもヤンキーとは、北部アメリカ人を意味するスラングであり、南北戦争当時のアメリカ南部で、北軍兵士などを軽蔑(けいべつ)した呼び方だった。これが明治時代に日本に伝わり、アメリカ人の別称として定着する。

戦後になって日本に進駐軍が駐屯(ちゅうとん)すると、米軍兵士を指してヤンキーと呼ぶようにもなる。さらにグループサウンズブームなどにより、ファッションなどでアメリカかぶれの若者が増えると、彼らをヤンキーと称するようになる。

そして70年代半ばから80年代になると、アメリカナイズされた、ちょっと不良がかった若者はヤンキーの範疇(はんちゅう)に入れられた。したがって、ロックンローラーもサーファーも暴走族も、すべてがヤンキーだったし「サーフィンをする暴走族」も珍しくなかった。

80年代に入ると暴走族が全盛となり、軟派と見なしたサーファーを目の敵にする。その意識は、やがて「サーファー狩り」に発展し「サーファーVS暴走族」という図式が完成する。

その頃から暴走族、もしくは暴走族風のファッションを好む人だけがヤンキーと呼ばれ、これが関東方面にも伝わった。ただ海に近い大阪府南部では、相変わらず「サーファー兼ヤンキー」は存在したし、両者の仲も良好だったようだ。

ツッパリがヤンキーに変わったのには諸説あるが、硬派を気取ったツッパリに対し、オープンでいたいヤンキーという捉え方がある。つまり、暴走族やツッパリグループのように精神論や組織を重視する「ツッパリ」ではなく、見た目が大事でナンパもしたいという若者が「ヤンキー」を自称したというものだ。

ただ、ツッパリ気質は、のちにも受け継がれているので、この説には疑問が生じる。ただ単に「ヤンキーのほうが、なんとなくカッコいい」という理由や、新語を探していたメディアが使いはじめたというのが、本当のところだろう。

消えていく関西弁と共通語になりつつある関西弁

今時の東京の若者は「江戸弁」を話さない。それと同様に、関西弁を話さない関西の若者も増えつつある。まだまだ少数だが、「じゃん」を使ってみたり、「ウケる」と言ってみたり、「そうなんや」ではなく「そうなんだ」という女性もいる。イントネーションは関西弁だが、単語がすべて標準語という子どももいる。

そこまで極端でなくとも、使われなくなった関西弁もある。これまで紹介してきた中でいえば、「**いらち**」「**いちびり**」「**やつ**」「**にくそい**」「**堪忍**（かんにん）」「**しんき病み**（や）」などは、ほとんど聞かれない。

「おおきに」のあとに付ける「**はばかりさん**」や、「ごちそうさま」の返答である「**よろし、おあがり**」になると、かなりの高齢者でないと使わない。

ただし近年、関西弁が、思わぬ場面で使われているという。しかも関東人が、ギャグやわざとではなく、普通に用いているというのだ。

小学館が運営する情報サイト「マネーポスト」（2022年9月26日付）に「Z世代に『知らんけど』が流行中」という記事が載せられていた。それによると、Z世代の若者たちの間で「**知らんけど**」が頻繁に使われるようになったという。Z世代とは、1990年代後半から2010年生まれの人たちを指す。

マーケティングリサーチなどを業務とする株式会社アイ・エヌ・ジーが行った高校生を対象にした調査結果によれば、「知らんけど」は高校生のトレンドワードの第3位にランクイン。しかも1位は「**しんどw**」だ。「オタク仲間とのSNSでのやりとりに『知らんけど』をよく使っている」や「エセ関西弁を話しているつもりはない」「関西弁とは知らないで流行っているので、すごく使っている」などの意見も聞かれるという。

関西人にしてみれば奇妙な気分だが、今は関東で普通に使われている「**めっちゃ**」も「**うち**」も、元は関西弁だ。ネットでは自分のことを「**わい**」という書き込みも見られ、「**わろた**」「**それな**」も、標準語では「笑った」「それだね」だ。これらが関西弁と知らない人もいるかもしれない。

標準語を話す関西人に、関西弁を使う関東人。もはや「関西人は関西弁しか話せない」というのは、30代以上の人たちに当てはまることかもしれない。影響を与えたのはネットだ。そのうち、関西弁がルーツだと知らずに、新しいスラングとして使う関西の若者が誕生するかもしれない。

◉左記の文献等を参考にさせていただきました――

『好きやねん大阪弁』大原穣子（新日本出版社）／『近畿方言の総合的研究』楳垣実編、『東京のきつねが大阪でたぬきにばける　誤解されやすい方言小辞典』篠崎晃一著（以上、三省堂）／『大阪弁の詰め合わせ　あかん〜わや』わかぎえふ、『関西弁講義』山下好孝、『大阪ことば事典』牧村史陽編（以上、講談社）／『ほな!!ぼちぼちいこか大阪弁』前垣和義（すばる舎）／『大阪ことば学』尾上圭介（創元社）／『ごめんやす「おおさか弁」』朝日新聞大阪本社社会部編（リバティ書房）／『関西弁探検―河内厚郎対談集』河内厚郎（東方出版）／『お国ことばを知る　方言の地図帳』佐藤亮一監修（小学館）／『地方別方言語源辞典』真田信治・友定賢治編／『京ことば辞典』井之口有一・堀井令以知編、『上方ことば語源辞典』堀井令以知編（以上、東京堂出版）／『通じない日本語』窪薗晴夫著（平凡社）／『大阪弁「ほんまもん」講座』札埜和男著（新潮社）／『京都なるほど事典』清水さとし（実業之日本社）／『自分を肯定して生きる』山中司（海竜社）／『京ことば集』真下五一（芸術生活社）／『関西弁辞典』真田信治監修（ひつじ書房）／『「あいさつ言葉」の魅力』寺島浩子（武蔵野書院）日本経済新聞／朝日新聞デジタル／大阪ガスＨＰ／銚子市ＨＰ／マネーポスト

KAWADE
夢文庫

関西人vs関東人
ここまで違う
ことばの常識

二〇二二年二月三〇日　初版発行

著　者…………博学こだわり倶楽部［編］
企画・編集……夢の設計社
東京都新宿区山吹町二六二〒162-0801
☎〇三―三二六七―七八五一（編集）
発行者…………小野寺優
発行所…………河出書房新社
東京都渋谷区千駄ヶ谷二―三二―二〒151-0051
☎〇三―三四〇四―一二〇一（営業）
https://www.kawade.co.jp/
装　幀…………こやまたかこ
印刷・製本……中央精版印刷株式会社
DTP…………アルファヴィル
Printed in Japan ISBN978-4-309-48595-9